¡Sssssshhhhhhhhhhh!

Haz del teatro algo íntimo

Llévalo siempre en el bolsillo

Cubierta y diseño editorial: Éride, Diseño Gráfico
Dirección editorial: ángel jiménez

Primera edición: diciembre, 2023

Las leyes de la relatividad aplicadas a las relaciones sexuales.
© Ramón Paso
© VdB, 2023
Espronceda, 5
28003 Madrid

VdB®

ISBN: 978-84-19850-30-0
Depósito Legal: M-35656-2023
Diseño y preimpresión: Éride, Diseño Gráfico

Este libro protege el entorno

las leyes de la relatividad
aplicadas
a las relaciones sexuales

Ramón Paso

Dramaturgo, guionista y director de escena nacido en Madrid en 1976. Nieto de Alfonso Paso y bisnieto de Enrique Jardiel Poncela.

Cuenta a sus espaldas con más de cincuenta montajes teatrales, tanto como dramaturgo, director de escena o en ambas funciones, entre los que podemos destacar títulos como *El reencuentro*, *El mensaje*, *Dos locas de remate*, *La importancia de llamarse Ernesto*, *Usted tiene ojos de mujer fatal... en la radio*, *Otelo a juicio*, *Blablacoche*, *Papá es Peter Pan y lo tengo que matar*, *La ramera de Babilonia*, *Drácula. Biografía NO autorizada*, *Lo que mamá nos ha dejado*, *El secreto* o *Huevos con amor*. Por otro lado es responsable de las últimas versiones estrenadas de *Eloísa está debajo de un almendro* de Enrique Jardiel Poncela y *Tragedia española* de Thomas Kyd.

Además, ha trabajado como guionista de televisión para algunas de las más importantes productoras audiovisuales del país.

Desde 2016 hasta 2018 trabajó en el Centro Dramático Nacional como asesor de dramaturgia, bajo las órdenes de Ernesto Caballero.

RAMÓN PASO

---

las leyes de la relatividad
aplicadas a las relaciones sexuales

Esta tragicomedia se estrenó en la sala Intemperie de Madrid
el 24 de febrero de 2018 interpretada, en orden de intervención,
por Paula Reyes (ELENA), Jordi Millán (PABLO), Elisa Pelayo (FANNY),
Inés Kerzan (GEMA), Ángela Peirat (NATALIA), Andrea Garriga (CARMELA)
y Ana Azorín (LUCÍA).

Dirección: Ramón Paso.

Un poco de intimidad no pedida
a modo de prólogo

La realidad es que no recuerdo cómo empecé a escribir esta obra ni por qué me pareció buena idea hacerlo. Solo recuerdo que lo hice. Existe una circunstancia descorazonadora en el hecho de profesionalizar *eso* que te gusta: dejas de hacerlo simplemente porque sí, porque te sale y, joder, es divertido. Yo hacía *pellas* en el instituto para irme a un parque a leer y escribir, y eran días realmente buenos. Dormir, comer o reírte por dinero es una idiotez; follar por dinero es prostitución; escribir por dinero tiene un ochenta por ciento de prostitución y un treinta de idiotez. Tranquilo, ochenta y treinta no te van a dar cien, no deben hacerlo, y, relájate, porque si eres escritor, rara vez te van a salir las cuentas. Así que todo está bien. Hemos quedado en que escribir por dinero es una gilipollez, porque es algo que te molaba, y ahora se ha convertido en un trabajo. Pero, claro, hay que pagar el alquiler, las plataformas, Internet, comprar la comida, los calcetines, el gel de baño, los libros, los videojuegos, la *manduca* de los gatos, las medicinas del asma, y todas esas cosas que conforman tu día a día confortable, así que te pones delante del ordenador e intentas descubrir en qué sería buena idea que empleases tu *tiempo de escritor*. Me cago en la puta: *tiempo de escritor*. Ese tiempo que dedicas a hacer sonar las teclas del ordenador y escribir algo que termine por ser interesante y que te ayude, en cierta manera, a vaciar ese cubo de basura que tienes por cerebro para evitar que fermente y acabes más jodido que de costumbre... y, en definitiva, te permita pagar el alquiler. De un día normal, ese *tiempo de escritor* es el más corto. Cuando todo va mal, la cosa no tiene más desarrollo que sentarte, escribir y poco más, puedes quejarte, si quieres, aunque no sirve para nada, pero si empieza a ir bien, si la cosa empieza a ir bien, y más te vale que así sea, porque los gatos quieren comer, tienes que ducharte y los calcetines no se van a comprar solos, entonces, la mayoría de tu tiempo se consume en la supuesta venta de *eso* que no tienes tiempo para escribir, porque tienes que vender. Así que te reúnes, comes con unos y con otros, dedicas tiempo a fomentar la relación con productores interesantes, actores que te va bien que quieran hacer tus obras o programadores en general. Todos consumen demasiado tiempo. Y, al final, lo que menos te queda es tiempo para escribir.

Al margen de todo eso, que, en el fondo, solo es negocio, a veces, solo a veces, muy poquitas veces, resulta que te vienen frases a la cabeza, y te vienen porque sí, porque les da la gana, y esas frases empiezan a conformar *algo* que te recuerda por qué decidiste que querías escribir. De pronto, merced a esos enanos que viven dentro del ordenador y graban en caracteres *Times New Roman* al doce en la pantalla, aparecen frases honestas y veraces. Y revisas, y quitas todo lo que sobra, y que los cursis llaman forma, y, de pronto, ves que queda algo *bueno*, que no va a gustar a casi nadie, a lo mejor, a nadie... o a todos, pero da igual, porque, con el tiempo, has aprendido a cribar, y sabes que está bien, y cuando llega la buena literatura que se quiten Dios, el sexo y la serpiente. Así comenzó *Las leyes de la relatividad aplicadas a las relaciones sexuales*. Estaba con el cuaderno –los inicios de cualquier obra, en mi caso, tienen que ver con un cuaderno con las tapas duras y un boli suave y de tinta azul– y así, sin quererlo, no recuerdo en qué pensaba ni qué estaba haciendo en realidad, surgieron las primeras frases de esta tragicomedia.

—¿Quieres darme por el culo? —preguntaba el personaje de Elena, que yo pensaba que iba a ser la protagonista, y que luego no lo fue, porque tú crees que escribes las obras, pero ellas se escriben solas.

—¿Joderte? —respondía Pablo, que yo pensaba que iba a ser el protagonista y... bueno, ya sabéis cómo termina la frase.

—Joderme por el culo.

—¿Qué?

—Que si quieres darme por el culo.

—Ah, entendía, bueno, entendía, dar por
el culo de joder, de, bueno, de fastidiar, de
incomodar.

Y así comenzaba. Luego esas líneas termi-
naron en la página trece del libreto de ensayos, pero así empecé la obra. A veces la escritura parte de una escaleta –sucesión de
escenas, puntos de giro y demás cosas ne-
cesarias para que el resultado final interese,
porque, por mucho que les joda a los *pos-
tdramáticos*, Aristóteles ya nos explicó cómo
funciona el cerebro humano, y el muy cabrón quiere planteamiento, nudo y desen-
lace, en el orden que te dé la gana, pero los
quiere– y otras veces, como me sucedió en
esta obra, se vierte desde algún lugar raro
de tu consciencia, y la realidad es que hay
puntos de giro y tiene todo lo que dice el
buen Dios que debe tener una obra de teatro, pero sucede al margen de ti mismo. Hay
gente muy lista, que sabe todo lo que hace
y por qué lo hace. Yo no. A veces lo adivi-
no, a veces me lo explican los actores en la
sala de ensayos y, algunas veces, lo compren-
do mucho después de haber escrito. No sé
qué pretendía cuando empecé *Las leyes de
la relatividad...* No me acuerdo. Así que, para
escribir este prólogo, me he puesto a revi-
sar notas de cuaderno, y la misma obra, además de alguna crítica, y he comprendido,
ahora, después de cuatro montajes de esta
tragicomedia –uno en la sala Intemperie, y

tres en el teatro Lara de Madrid– después de más de cincuenta representaciones, que *Las leyes de la relatividad...* cubre la necesidad íntima de mi cerebro de establecer comunicaciones adecuadas entre lo que deseo y lo que busco. Existe, en el ser humano, una diferencia de percepción entre lo que quiere y lo que hace para conseguirlo. Me explico. Lo que todos necesitamos es amor, ya lo dice la canción, pero, en general, buscamos sexo. ¿Por qué? Porque se consigue con más facilidad y se puede comercializar. La modelo *buenorra* que regala queso en un supermercado, el porno blando de aspirantes a artistas que inunda *Instagram*, la puta de Ballesta o el chapero de Sol, la actriz que se pasea semidesnuda por el photocall del estreno de un cortometraje o su homónimo masculino, que lleva más ropa, y pone cara de malo, las innecesarias fotos en bikini de las redes, todo eso es sexo que está en venta. Alguien dijo que si no estabas pagando por el producto es porque el producto eres tú. Bien, es sencillo follar. Al menos si no eres un pavo de cuarenta tacos adicto al Clearasil y comedor de Doritos, que todavía vive en el salón de su madre y que no ha hecho la cama. Es fácil follar. Para algunos más que para otros. Dice David Mamet *que el sexo y contar historias son actividades similares. Todos las hacemos de forma natural, pero a unos se nos da mejor que a otros.* Suscribo. Mamet es el escritor vivo que más sabiduría destila en sus escritos y que más cerca está de saber de qué va esto que es la escritura. Bueno, pues eso, el sexo se comercializa, pero el amor, no. El amor es algo que hay que cuidar, mimar y trabajar. El amor va de comprensión y de respeto. El sexo debería ser el resultado natural del amor. Que, oye, claro que se puede echar un polvo solo por pasar el rato, pero eso es algo de la edad. A partir de cierto momento el sexo, si no va acompañado de curiosidad, admiración e inteligencia, es gimnasia. Creo que *Las leyes de la relatividad...* es la obra más sexual que he escrito. La función comienza con una fingida mamada, en medio, una psicóloga se masturba haciendo una videoconferencia con un nene –sí, creo que los psicólogos están muy jodidos de la cabeza, y, encima, rara vez lo saben– y termina con una chica violando a su novio, y, deduciendo que como a él no se le pone, tiene que ser *gay*. A pesar de todo este sexo fingido –un crítico *soplapollas* de estos que tienen un *blog*, dijo que en la obra había sexo real... lo cual dice mucho de su falta de percepción y muy poco de su vida sexual, si es que tiene de eso; no cito el nombre porque no lo encuentro, no por respeto... no puedo respetar a un tipo que cree en serio que una actriz se va a prestar a comerle la polla a un actor en un escenario, o que un actor va a dejar que se la coma una tía porque sí, eso es porno, chaval, no teatro– bueno, lo que decía, a pesar de todo el sexo fingido, esta obra habla de amor. Habla de lo complicado que es conseguirlo, reconocerlo y, sobre todo, retenerlo.

Es curioso cómo, algunas personas, creen que quieren sexo, cuando están buscando amor, y cómo, algunos, creemos que queremos dinero o éxito, cuando lo que queremos de verdad es emborronar cuartillas. La escritura es lo más auténtico que he encontrado en esta vida. ¿Quieres escribir? Es sencillo. Ponte delante de un cuaderno o un ordenador, no cometas faltas de ortografía, sé sincero contigo mismo e intenta ir al grano. Si consigues escribir algo honesto, honesto de verdad, que sea valiente y veraz, y que no esté manchado por el ego, la soberbia y tu tendencia al mal —que se representa en las frases ampulosas o las metáforas— entonces habrá valido la pena, y podrás decir que eres una persona que escribe. *Las leyes de la relatividad aplicadas a las relaciones sexuales* es una de mis obras más honestas, y, es curioso, una de las más incomprendidas. El público la recibió bien, pero sin volverse loco, la verdad. En la crítica, excepto alguna reseñilla irrelevante, se la trató muy bien, especial mención a Horacio Otheguy, el crítico que mejor comprende lo que escribo, y a Javier Villán, que ya no está en activo, pero que, no sé cómo cojones, consiguió que esta obra estrenada en una sala alternativa y después representada en la sala pequeña del Lara terminase nominada al Premio Valle Inclán en 2019. Recuerdo que terminé sentado en una mesa con, entre otros, José Sacristán y Antonio Resines. Cuando me preguntaron, amablemente, de dónde venía mi obra, y les expliqué la génesis, no se lo creían. No gané el premio. Era imposible. Ganó una señora, aunque se lo merecía Sacristán, porque ese año tocaba una mujer, y así se comentó luego en pequeños círculos y en voz baja. Pero da igual, la cara de estupefacción de la gente valía la pena. La cena, que se supone que es guay, fue una mierda. Y así suele ser, porque los premios no valen para nada, y están casi todos dados, y yo no voy a ganarlos, porque no me interesa el tipo de relaciones que hay que hacer, pero mola mucho, porque resulta que con cuarenta y siete tacos, escribiendo este prólogo me estoy dando cuenta de cómo quiero que sea mi carrera. Y mi premio es que la gente suele reírse con lo que escribo. Soy un tipo afortunado porque sé hacer reír. Y con *Las leyes de la relatividad...*, que es una tragicomedia muy cruda, la gente se reía, a pesar de sí misma. Las dos personas que mejor han entendido la obra han sido Luis Torres, que salió tocadísimo del estreno, y Antonio Fuentes, que me la ha programado tres o cuatro veces. Las que mejor la representan, mis ángeles, Ana, Inés y Ángela. Probablemente donde menos se entendió la obra fue en los comentarios de las plataformas de venta en línea —no entiendo por qué se dice *online*, es de gilipollas—

donde un montón de cutres que quieren ir al teatro a precios muy baratos, y que luego se quejan de que sus asientos no son de primera, han sustituido a la inteligente crítica especializada. Todo empezó con los blogs, y ahora ha terminado en cazadores de ofertas que se erigen en jueces. Bueno, el comentario más repetido es que faltaban muebles. Sí, sí, así escrito. Faltan muebles. La escenografía de *Las leyes de la relatividad...* consistía en dos sillas, una roja y otra blanca, creo recordar, y un crucifijo iluminado con un led. Lo que algunos en esas plataformas confundían con tacañería es y será siempre una opción estética, que curiosamente, cuando esos mismos entendidillos ven en el CDN, aplauden, boquiabiertos, porque han confundido el continente con el contenido, y aunque se estén aburriendo como rameras en el Cielo, debe ser bueno, ya que está en un teatro muy bonito. Yo creo que algunas de mis mejores obras apenas utilizan escenografía. Tal vez hacer teatro sea reducir las cosas tanto como se pueda y ver si, entonces, queda algo.

¿Quieres hacer teatro? Tres consejos, y no me gusta darlos, porque luego rara vez los sigo, pero de alguna forma tengo que cerrar este prólogo. Bien. ¿Quieres hacer teatro? Sé honesto; no pongas cosas en el escenario que no hacen falta; y, cuando escribas, no te des aires. Las palabras, si son las adecuadas, son como el amor, no necesitan

adornos. Pocos adjetivos y poca figura. Forma clara, pocos muebles y mucha honestidad. No confundas forma con contenido; no equivoques establecimiento con calidad de la obra que allí se represente; y no líes amor y sexo. Espero que te guste la obra, al leerla; espero que fueras a verla y espero que la disfrutases... Y si no, lo siento, pero *esta* no la escribí ni para ti ni para mí. Salió porque tenía que salir. Suena *The greatest bastard* de Damien Rice, y yo me voy a cenar, más fresco que un pepinillo en el culo de un obispo.

Madrid, 19 de noviembre de 2023
Ramón Paso

Personajes

ELENA
PABLO
FANNY
GEMA
NATALIA
CARMELA
LUCÍA

Acto único

Oscuridad. La luz se hace, lentamente, en dos puntos del escenario enfrentados. En uno de ellos, tercer término derecha, PABLO, un tipo joven, que ha conocido días mejores. Está de espaldas, con los pantalones bajados por los tobillos, mientras ELENA, una chica joven también, que se ha puesto horquillas en el pelo para estar más guapa, le come la polla. Ya está cansada. Él también. Es una situación incómoda. En el otro extremo del escenario, hay una chica de casi veinticinco años, sentada en una silla roja. Se trata de una muchacha con aire limpio, trabajador, formal. Se llama FANNY, y su padre la pegaba, aunque eso, ahora mismo, nadie lo sabe. Apoya en sus muslos un cuaderno, mientras juguetea con un lápiz. Delante de ella, GEMA, furiosa con el mundo, inquieta, interesante, dolida, camina nerviosa, buscando las palabras para decir algo que se le escapa. A veces, se expresa con el pelo. Se detiene delante de la silla, donde está su chaqueta, y que hace pareja con la roja, aunque es blanca. Parece que, por fin, va a hablar, pero no lo consigue. Lanza un pequeño grito ahogado y continúa caminando. En ese instante, ELENA se aparta de PABLO, ya sin aire, casi cayéndose al suelo. PABLO la mira un segundo, con cierta lástima.

Y así, comienza la acción...

ELENA   ¿Nada?

PABLO   Nada.

ELENA   ¡Nada!

PABLO   Nada.

ELENA   ¡Agua!

PABLO   No hace falta. Es decir...

ELENA   Se me va a despellejar la garganta. Agua.

           (ELENA *hace mutis a toda velocidad.* PABLO *mira su polla con un aire de reproche tranquilo. Se siente fuera de lugar.*)

FANNY   ¿Quieres sentarte?

GEMA   ¿Sentarme?

FANNY   Sentarte.

GEMA   (*Con un dolor.*) ¡No!

FANNY   Puedes quedarte de pie.

GEMA   Ya sé que puedo quedarme de pie.

FANNY   Si tú quieres, puedes...

GEMA   ¡Ya lo sé!

(*Da unos cuantos pasos más y después, se sienta delante de* FANNY.)

GEMA   El día de mi cumpleaños.

FANNY   El día de tu cumpleaños.

GEMA   (*Levantándose.*) ¡Tiene que significar algo!

FANNY   ¿Qué crees tú que significa?

GEMA   ¿Yo?

FANNY   Tú, claro.

GEMA   El día de mi cumpleaños.

FANNY   ¿Qué crees tú que significa?

GEMA   ¿Yo? ¿En serio?

FANNY   Esto va de ti.

GEMA   Nada va de mí.

FANNY   ¿Eso piensas?

GEMA   Eso sé.

FANNY   ¿Y qué significa para ti...?

GEMA   ¡No me toques más los cojones preguntándome qué hostias significan las cosas! ¡No me los toques, coño!

(*Silencio.*)

FANNY   Es mi trabajo.

GEMA   Eres demasiado joven.

FANNY   Estoy cualificada.

GEMA   ¡Eres demasiado joven!

FANNY   ¿Te molesta?

(*Sale a escena* ELENA, *bebiendo de una botellita de agua. Vuelve a aplicarse a la tarea de chupársela a* PABLO, *que lo recibe con resignación.*)

GEMA   ¿Por qué, por qué el día de mi cumpleaños?

FANNY   Lo importante no es la fecha.

GEMA   ¿Ah, no?

FANNY   Lo importante es lo que significa para ti.

GEMA   Lo importante es que lo hizo el puto día de mi cumpleaños. ¿Por qué? ¿Por qué? ¿Por qué? Así no avanzamos. No avanzamos.

FANNY   ¿Eso crees?

GEMA   Odio a los psicólogos.

FANNY   ¿Y por qué vienes?

GEMA   Porque... Joder, me cago en Dios, joder. ¡Yo qué sé! Porque necesito hablar, supongo, no te jode. Necesito hablar y paso de curas.

FANNY   ¿No crees en Dios?

GEMA   ¿Tú sí?

FANNY   No estamos hablando de mí.

GEMA   Claro. Solo hablamos de lo que las cosas significan para mí. Hostias, y, encima, te pago. Debo de ser gilipollas. Tienes el curro más fácil del mundo. Te sientas, escuchas o haces que escuchas —yo qué sé, siempre he pensado que te pones música, que llevas un auricular o algo— y después dices con tu cara de mierda *qué significa para ti*. Como si eso arreglase algo. Odio a los psicólogos.

ELENA   (*A* PABLO.) ¡Que te centres, coño!

FANNY   Eso ya lo has dicho.

GEMA   Te odio a ti.

FANNY   Es un paso. ¿Por qué?

GEMA   ¡Porque no servís para una puta mierda! ¡Por eso! ¡Ni para una puta mierda!

FANNY   ¿Crees que sería mejor dejar la terapia?

GEMA   Creo que habría sido mejor no entrar en la cocina con nueve años y haberme encontrado a mi padre tirado en el suelo con las putas venas abiertas. Creo que eso habría sido lo mejor.

FANNY   Ya hace veinte años.

GEMA   ¿Veinte años?

FANNY   Veinte años.

GEMA   ¿Y qué?

FANNY   Solo remarco un hecho.

GEMA   Tengo ganas de arrancarte las gafas de la cara y metértelas por el culo.

FANNY   ¿Eso arreglaría algo?

GEMA   Me sentiría mejor.

ELENA   (*Intentando calmarse.*) Vale.

        (*Silencio.*)

GEMA   ¿Crees que debería haberlo superado ya? ¿Es eso? ¿Es eso lo que estás intentando decirme?

¿Es eso lo que un pedazo de mierda seca como tú intenta decirme a mí? ¿Crees que soy blanda? ¿Una pija de mierda porque tengo dinero de sobra para gastármelo en una engañifa como tú? ¿Es eso?

FANNY   ¿Así es como te ves a ti misma?

GEMA   Ojalá, Fanny, ojalá. Ojalá eso fuese lo único malo que veo en mí misma. Estoy, a veces pienso, que estoy a punto de hacer algo terrible, ¿sabes? Algo muy terrible. A veces lo pienso, y vengo aquí, esperando que me des respuestas. Algún tipo de sabiduría secreta que a mí se me ha ocultado. Algo que tape el dolor, el no saber, el no entender, y tú solo me preguntas qué significan las cosas para mí.

FANNY   Es mi trabajo.

GEMA   Lo haces mal.

FANNY   Solo intento ayudar.

GEMA   Porque te pago.

FANNY   Por lo que sea.

GEMA   Si no te pagase, puta estudiante en prácticas, ¿me ayudarías? ¿Me escucharías?

(*Silencio.*)

GEMA   Debería hacerme católica. Ellos, por lo me-
            nos, lo hacen gratis. (*Para sí.*) ¿Por qué? ¿Por
            qué el día de mi cumpleaños? ¿Por qué ese
            día justo, justo ese día? ¡Demasiada casuali-
            dad! ¡Demasiada! ¡Demasiada casualidad!
            (*Viendo que* FANNY *va a hablar.*) Ni se te ocu-
            rra, no se te ocurra preguntarme qué signifi-
            can para mí las casualidades.

FANNY   No crees en las casualidades.

GEMA   Ni en Dios.

FANNY   Las casualidades son relativas.

GEMA   ¿Relativas?

FANNY   Lo que puede ser casual para ti no lo es para
            otra persona. Depende de lo que podemos
            comprender, de lo que podemos ver.

GEMA   No puede ser casual, no puede ser relativo,
            ¡no puede ser que todo sea relativo, que mi
            padre, que yo, que todo sea relativo! ¡No pue-
            de ser! ¿Relativo a qué? ¡Tiene que haber algo!

FANNY   ¿Algo?

GEMA   Algo a lo que yo pueda agarrarme. Por favor,
            tiene que haberlo. Un motivo, un algo. Tiene
            que haber algo. ¿Por qué?

ELENA   (*Frustrada, a la vez que* GEMA.) ¿Por qué?

GEMA   ¿Por qué lo hizo el día de mi cumpleaños? ¡Me cago en mi padre! ¿Por qué se suicidó el día de mi cumpleaños?

(*Silencio.*)

FANNY   A lo mejor, no lo sabía. (*Silencio.*) A lo mejor, tu padre no recordaba que ese día era tu cumpleaños.

(*Silencio.*)

GEMA   Me voy. Aquí no se puede respirar. (*Se dirige hacia el foro sacando el móvil.*) Oye, necesito verte. No, una mierda. Paso por tu casa. Me has oído. Yo paso por tu casa. Tenlo listo.

(*Hace mutis.* FANNY *suspira y niega con la cabeza. Comienza a recoger sus cosas, un bolso que colgaba de la silla, cuando suena un móvil. Se escucha un grito, y* NATALIA, *una chica agresiva, dura, sale a escena poniéndose una camiseta. Según gira* FANNY *para hacer mutis, ella llega a la silla y saca su móvil de una cazadora, que estaba allí, debajo de las cosas de* FANNY.)

NATALIA   ¿Qué quieres? No, dime qué quieres. ¿Qué quieres? Mamá, dime qué quieres. ¿Qué coño quieres? No, no puedo hablar ahora. Tengo que llamar. ¿A ti qué te importa? ¿Qué te importa a quién tengo que llamar? ¿Es urgente? Pues cuelga, cuelga de una vez, y déjame que llame. No, no estoy sola. ¿Qué más te da? Se llama... Se llamaba Jesús. No, no lo voy a llevar a la cena de Navidad. No tengo claro que vaya a ir yo. ¿Para qué, para pelear, para tocar los cojones? Hablo como quiero. Lo siento. Lo siento, mamá. ¡Lo siento! ¡Lo siento, coño! (*Pausa larga.*) ¡He dicho que lo siento! No, no va a venir. ¿Qué más te da? Jesús, te lo he dicho. ¿Qué más te da? No lo sé. Sí, está en casa. En mi casa. Sí, hemos follado, mamá. ¡Hemos follado! Es lo que hacen los adultos. No es asunto tuyo. ¡No, no va a venir! ¡No! Porque no. No sé si quiere, pero no puede. ¡Porque no, hostias! Tengo que llamar por teléfono. No es asunto tuyo. Es importante. No va a ir. Y yo tampoco. ¿Puedes colgar? Es importante. Así que, ¿podrías colgar de una puta vez para que pueda llamar? Es importante. ¿Puede ser, eh, mamá? ¿Podría ser que una vez, una vez en tu vida, me echases una mano y colgases el teléfono? (*Silencio.* NATALIA *marca. Por el foro, sale a escena* CARMELA, *una chica de unos treinta y cinco, con gesto cansado y duro, viste de estar por casa, y lleva una coleta. Hace mucho que dejó de preocuparse por su aspecto. Se estruja los dedos intentando hablar. Se queda cerca del foro, rondándolo.*) Hola, buenas noches. No sé si tendría que haber llamado a Emergencias, en lugar de a la Policía, pero... No sé cómo se hacen estas cosas, así que voy a ir al grano. Hay un tío muerto en mi cama. No, no lo he matado yo. Si lo hubiese matado yo, no llamaría a la Policía. ¿Podría usted, si es tan amable, mandar a alguien que venga y saque a ese cadáver empalmado de mi puta cama, por favor?

(NATALIA, *a su criterio, continúa hablando por el móvil, mientras hace mutis, al tiempo que* ELENA *se aparta, casi cayéndose, de* PABLO. *Mandibulea.*)

ELENA   Imposible.

PABLO   (*Subiéndose los pantalones.*) No es culpa tuya.

ELENA   Ya lo sé.

PABLO   Solo digo...

ELENA   Ya sé que no es culpa mía.

(ELENA *se aparta y se sienta en una de las sillas. Bebe de su botella, mientras* PABLO *se termina de subir los pantalones, cada uno en un extremo del escenario. Muy suave, con timidez casi,* CAR-MELA *comienza a hablar.*)

CARMELA   Yo... bueno, la verdad es que prefiero que te vayas de casa, que, bueno, que hagas las cosas fáciles. No es que ya no te quiera, es que nada ha salido como tenía que salir. Te sigo queriendo, claro, pero no como se quiere a un hombre con el que se vive, no como se quiere a un hombre que no te deja más opción que lavarle los calzoncillos. (*Pausa.*) Demasiado directa, demasiado *hijaputa.* (*Coge aire.*) Mira, lo he estado pensando mucho, y, a lo mejor, deberías volver con tu mujer. O con quien quieras. Tal vez sea culpa mía. Seguro que es culpa mía. O la diferencia de edad. No lo sé. Tú tienes... tienes que... Tienes que ver a tus hijos. No puedes estar siempre conmigo. Somos muy diferentes. Y yo... (*Pausa.*) Agresiva. Estás agresiva. (*Pausa.*) Quiero que vuelvas a casa con tu mujer. Necesito tiempo para mí. Desde que estamos juntos no hago nada, no veo a nadie, me he dejado, me he olvidado de mí misma. Necesito espacio. Es temporal. Puedes volver con tu mujer. Han sido tres años muy duros. Todo iba mejor cuando nos veíamos a escondidas. No eres tú, es la convivencia, que se lo ha cargado todo. En serio, no eres tú. Soy yo. Soy yo, que no puedo con esta relación de mierda. Soy yo. Puede ser que todo sea culpa mía. Seguro que todo es culpa mía. Culpa mía. Nada más que culpa mía. En serio, no te lo tomes a mal.

(CARMELA *continúa recorriendo el foro, murmurando. En ese instante, sale a escena* LUCÍA, *una chica formal, responsable, preocupada por su aspecto y por lo que los demás puedan pensar de ella. Está abotonándose una camisa clásica, mientras lleva en el brazo una americana negra, un bolso y un abrigo. Habla por el móvil, mientras lo sujeta entre el hombro y la cabeza.*)

LUCÍA   Me estoy vistiendo. ¡Me estoy vistiendo! No lo sé. ¿Treinta minutos? ¡Yo no tengo la culpa!

¡No tengo la culpa! ¡No la tengo! Yo he hecho mis turnos. Los he hecho. ¡He hecho todos mis turnos! Es culpa de Manuel. Pues despídele. No, perdona. No recordaba que era tu primo. Perdona. No era mi intención. No lo era. Discúlpame. (*Ya vestida, avanza por el escenario.*) Acabo de salir a la calle. Voy corriendo. Voy corriendo. ¡Estoy corriendo! No te enfades conmigo. Te juro que llego. ¡No te enfades conmigo! No me importa. No estaba haciendo nada. Estaba con el ordenador. Sin hacer nada. Perdiendo el tiempo. Trabajar me vendrá bien. Y además, necesito el dinero. Tú sabes que lo necesito. No te enfades conmigo. (*Sonriendo con falsedad, más para sí que para su interlocutor.*) Estoy allí en media hora. Antes. Antes. Te lo juro. Voy a coger un taxi ahora mismo. (*Llamando con la mano, mientras se escucha el ruido del metro al llegar.*) ¡Taxi! Gracias, Antonio. Me gusta mucho el trabajo que hago con vosotros y creo que estoy aprendiendo, voy mejorando. Ya no meto la pata tanto como antes, ¡como al principio! Ya no meto la pata tanto como al principio. Yo creo... ¿Antonio? ¿Estás ahí? ¿Antonio? (*Se aparta el móvil de la oreja. Su interlocutor hace rato que ha colgado. Avanza unos pasos corriendo y se le cae el bolso, esparciendo todo su contenido. Sonido de vagón de Metro que llega a la estación. Ella comienza a recoger a toda velocidad. Del vagón sale* GEMA, *justo antes de que se marche.* LUCÍA *sigue recogiendo.*) ¡Mierda! (*A punto de llorar, continúa recogiendo.* GEMA *va a* irse, pero, de pronto, se acerca y comienza a ayudarla.) ¿Qué haces? (GEMA *sigue ayudándola.*) (*Brusca.*) No toques mis cosas. (GEMA *la mira sin comprender, con su cartera en la mano.*) Que no las toques.

(LUCÍA *le arrebata la cartera.*)

GEMA   Te estoy ayudando.

LUCÍA   ¿Estás...?

GEMA   Ayudándote, gilipollas. Te estoy ayudando.

(*Silencio.*)

LUCÍA   ¿Por qué?

GEMA   Se te ha caído todo.

(GEMA *vuelve a ayudarla.*)

LUCÍA   ¿Por qué me ayudas a mí?

GEMA   Llevas demasiadas cosas.

LUCÍA   ¿Por qué a mí?

GEMA   Demasiadas mierdas.

LUCÍA   Yo no soy nadie.

GEMA   Tú eres gilipollas.

(*Silencio.*)

GEMA   Perdona. Bueno, perdona que te haya llamado *gilipollas*.

LUCÍA   No pasa nada.

GEMA   Sí pasa.

LUCÍA   Que no, de verdad.

GEMA   ¡Que sí pasa, coño!

LUCÍA   Vale. Yo también lo siento. (*El bolso está recogido. Se levantan ambas.*) Pensaba que querías robarme la cartera.

GEMA   ¿Por qué iba a querer robarte la cartera?

LUCÍA   No lo sé.

GEMA   ¿Llevas mucho?

LUCÍA   No.

GEMA   Bueno, me largo. Ha sido un placer.

(LUCÍA *mira el reloj del Metro y ahoga un grito.*)

LUCÍA   ¡Doce minutos! ¡No puede ser! ¡Doce minutos!

(GEMA, *a punto de hacer mutis, se detiene al oírla llorar.*)

GEMA   ¿Qué te pasa?

LUCÍA   ¡Nada!

GEMA   ¿Qué te pasa?

LUCÍA   Cosas mías.

GEMA   Vale.

            (GEMA *inicia el mutis.*)

LUCÍA   ¡Doce minutos!

GEMA   ¿Doce minutos?

LUCÍA   (*Distraída, cogiendo algo del suelo.*) ¡Uy, mira, un centimito! ¿Es tuyo? ¿No? Me lo quedo. (*Silencio.*) Llego tarde a trabajar.

GEMA   ¿Dónde?

LUCÍA   En el Ramón y Cajal.

GEMA   ¿Enfermera?

LUCÍA   No.

GEMA   ¿Médico?

LUCÍA   Vendo ataúdes.

GEMA   ¿Qué?

LUCÍA   Ataúdes.

GEMA   ¿Los vendes?

LUCÍA   En el Ramón y Cajal.

GEMA   ¿Por qué?

LUCÍA   La gente se muere.

GEMA   Y tú les vendes ataúdes.

LUCÍA   A las familias.

GEMA   ¿Te pagan mucho?

LUCÍA   Voy a comisión.

GEMA   ¿Y se ha muerto alguien?

LUCÍA   Sí.

GEMA   (*Acercándose.*) ¿Quién?

LUCÍA   Pues no lo sé.

GEMA   ¿No lo sabes?

LUCÍA   No lo sé.

GEMA   ¿Quién se ha muerto?

LUCÍA   ¿Quién se ha muerto?

GEMA	Para que tú tengas que ir a currar a estas horas, ¿quién se ha muerto?

LUCÍA	Alguien.

GEMA	Una persona.

LUCÍA	Una cualquiera.

GEMA	Y tú le vendes un ataúd.

LUCÍA	Siempre se muere alguien. Todas las noches. Varios. Nosotros...

GEMA	¿Quiénes sois vosotros?

LUCÍA	¡Nosotros!

GEMA	¿Quiénes?

LUCÍA	Hay distintas empresas. Ofrecemos servicios. La familia se suele quedar con el más amable. Al final todos vendemos lo mismo.

GEMA	Y tú estás de guardia.

LUCÍA	Para vender ataúdes a las familias.

GEMA	Mi padre se ha muerto.

LUCÍA	Te acompaño en el sentimiento.

GEMA	¿Me acompañas...?

LUCÍA   Lo siento. Deformación profesional.

GEMA   Se ha suicidado.

LUCÍA   ¿Lo habéis enterrado ya?

GEMA   Lo incineramos.

LUCÍA   Más limpio.

GEMA   Mi madre y yo.

LUCÍA   ¿Le echas de menos?

GEMA   No. (*Silencio.*) Le odio.

LUCÍA   Eso no está bien.

GEMA   Pues le odio.

LUCÍA   Pues bueno. (*Pausa.*) ¿Por qué lo hizo?

GEMA   No lo sé.

LUCÍA   ¿No dejó nota?

GEMA   *Perdón.* Escrito en un ticket de la compra.

LUCÍA   No pedía mucho, el hombre.

(*Sonido de Metro.* LUCÍA *avanza. Regresa y abraza a* GEMA *con fuerza. Se aparta. Se marcha. Sonido del vagón alejándose.* GEMA *se queda mirando hacia la vía. Silencio.* GEMA *hace mutis a buen paso.*)

PABLO   Lo siento.

ELENA   No te gusto.

PABLO   ¡No!

ELENA   ¿No te gusto?

PABLO   No es eso.

(*Silencio.* ELENA *le ofrece la botella a* PABLO. *Él niega con la cabeza.*)

ELENA   A lo mejor quieres...

PABLO   ¿A lo mejor...?

ELENA   Digo que tal vez...

PABLO   ¿Qué?

ELENA   No sé.

PABLO   ¿Estás bien?

ELENA   Sí, claro.

PABLO   Ya te he dicho...

ELENA   No lo repitas más.

(*Silencio.*)

PABLO   Esto es raro.

ELENA   Sí. ¿Incómodo?

PABLO   No.

ELENA   Yo tampoco.

PABLO   Mejor.

ELENA   Sí. No tiene por qué ser malo.

PABLO   No todo es follar.

ELENA   No. (*Silencio.*) ¿Quieres darme por el culo?

PABLO   ¿Joderte?

ELENA   Joderme por el culo.

PABLO   ¿Qué?

ELENA   Que si quieres darme por el culo.

PABLO   Ah, entendía, bueno, entendía, dar por el culo de joder, de, bueno, de fastidiar, de incomodar.

ELENA   (*Muy seria.*) No. Dar por el culo de dar por el culo sin el diccionario en la mano. Dar por el culo.

PABLO   Sí, ya lo he comprendido. Perdona. Es decir, gracias. O, bueno, ¿tú quieres?

ELENA   Algunos chicos quieren.

PABLO   ¿Cómo lo sabes?

ELENA   ¿Qué?

PABLO   ¿Cómo sabes cuando un chico quiere?

ELENA   No lo sé. Te lo dejan caer o te la ponen en el culo y empujan. Te das cuenta.

PABLO   Ah, claro.

ELENA   Ya. (*Silencio.*) ¿Y...?

PABLO   ¿Qué?

ELENA   ¿A ti te apetece?

PABLO   ¿Contigo?

ELENA   Apenas me tocas. No me tocas. (*Silencio.* PA-BLO *le toca un hombro.*) ¿En serio?

PABLO   Lo siento.

ELENA   Es raro.

PABLO   Lo siento.

ELENA   ¿No te gusto?

PABLO   ¿Por qué dices eso?

ELENA   Llevamos tres meses juntos y no hemos conseguido follar.

PABLO   Ah, por eso.

ELENA   No es normal.

PABLO   ¿No?

ELENA   Con los otros chicos no es así.

PABLO   ¿Los otros chicos son esos que te la quieren meter por el culo? Que no lo juzgo. Lo respeto. Respeto que te la quieran meter por el culo. Es solo por saber si los otros chicos...

ELENA   Los otros chicos son los que me tocan. (*Silencio.*) ¿Qué te pasa? (*Besándole la cara.*) Cuéntamelo, cuéntamelo a mí. Puedes confiar. Dímelo. Confía en mí.

PABLO   Creo...

ELENA   Crees...

PABLO   Creo...

ELENA   ¿Crees?

PABLO Creo que soy un poco más sensible de lo normal.

ELENA ¿Un poco más sensible?

PABLO Un poco.

ELENA (*Apartándose.*) Vete a la mierda. Vete a la puta mierda. (*Silencio.*) Mañana trabajo.

PABLO Lo entiendo. (PABLO *le pone la mano en el hombro. Ella le mira a los ojos.*) ¿Te quedan pastillas de esas? (*Silencio.*) No, vale. Lo entiendo. ¿Y algo para beber?

ELENA O me cuentas lo que te pasa o te vas. No quiero dormir dos horas por tus gilipolleces.

PABLO No lo sé.

ELENA Largo.

PABLO ¿Me dejas diez euros? (*Silencio.*) Vale. Buenas noches. (PABLO *inicia el mutis.*) Lo siento, Elena.

ELENA ¿No tocarme?

PABLO Sí, bueno, y no querer darte por el culo, que ha sido un detalle proponerlo, pero bueno, me refería a... bueno, a ser yo. Lo siento. Sería todo más fácil si fuese menos gilipollas, pero no lo soy.

(*Suena el móvil de* ELENA. *Ella descuelga, mientras le hace un gesto a él para que no se mueva.*)

ELENA (*A* PABLO.) Espera. (*Al teléfono.*) Perdona, Carlos, pero no puedo ahora. No estoy de humor. No, me da igual lo que tú consideres importante. Me da igual. Tengo problemas, ¿me oyes? ¡Problemas! (*Mientras ella escucha, llevándose la mano a la boca,* PABLO *hace mutis.*) No es verdad. No puede ser... Si estaba bien. ¡Papá ha muerto, ¿y me lo dices así?! ¡Me cago en...! ¿Me lo sueltas así? (*Se gira buscando a* PABLO, *mientras habla.*) No te vayas. Mi padre ha... muerto.

(CARMELA *avanza.*)

CARMELA (*Gritando.*) ¡Esta relación es una puta mierda y te odio! ¡Vete a tu casa con tu ex mujer, tus putos hijos y todos tus calzoncillos! ¡No te soporto más! ¡Vete de mi casa! (*Pausa.*) Agresiva. Demasiado agresiva. Tal vez demasiado agresiva.

ELENA (*Volviendo al teléfono, casi sin voz.*) Eh, bueno. Muerto. Está muerto. ¿Cómo ha sido? ¿Qué ha pasado? (*A lo lejos, comienza a sonar un teléfono móvil.* CARMELA *mira a los lados.*) No te oigo. Espera. ¡No te oigo, te estoy diciendo! Hay interferencias. ¡Interferencias, Carlos! ¡Interferencias! (CARMELA *hace mutis y el teléfono deja de sonar.*) ¡No lo sé! Ya está. Se ha terminado. Un zumbido a lo lejos. Ni idea. Te he preguntado cómo ha sido. ¿Qué? ¿Vas a ir al tanatorio? ¿Qué?

(*Sale a escena* NATALIA *con una cartera de hombre en la mano, intentando abrirla sin que se le caiga el teléfono.*)

NATALIA   ¡No me grite!

ELENA   ¿Cómo que no vas a ir?

(NATALIA *rebusca en la cartera.*)

NATALIA   ¡No es culpa mía!

ELENA   ¡Carlos!

NATALIA   Lo estoy buscando.

ELENA   Ni se te ocurra pensar que me voy a comer yo sola... Ni se te ocurra, Carlos. ¡Ni lo pienses!

NATALIA   ¡Jesús, creo que Jesús! ¡No me agobie! Lo estoy buscando.

ELENA   Es tu responsabilidad.

NATALIA   ¡Lo estoy buscando!

ELENA   Eres el mayor.

NATALIA   (*Mirando un DNI.*) ¡Hijo de puta!

ELENA   (*Murmurando.*) ¡Hijo de puta!

NATALIA   ¡Hijo de la grandísima puta!

ELENA   ¡Es tu padre!

NATALIA   ¡No, no iba por usted! ¡No iba por usted!

ELENA   Dime el hospital.

NATALIA   Que no iba por usted, hostias.

ELENA   ¡Que me lo digas, coño, y te dejes de gilipo-
             lleces!

NATALIA   Carlos González. Ya sé que le he dicho *Jesús*,
             por eso estoy cabreada.

ELENA   Yo me voy para allá. Tú haz lo que te dé la
             gana. Dile a mamá que estoy llegando.

NATALIA   No es culpa mía que me mintiese.

ELENA   Una cosa, Carlos. ¿Estaba... estaba con ella?

NATALIA   ¡No es culpa mía!

ELENA   Con esa puta, coño. Con ella, joder. Con esa
             con la que vive y por la que nunca tiene tiem-
             po para nosotros, para ti y para mí, Carlos.
             Con ella. Me refiero a ella. ¿Está claro? A ella.
             No. Ya. ¿Con mamá...? Me hubiese extraña-
             do. Voy para el hospital.

(ELENA *cuelga y comienza a marcar de nuevo.*)

NATALIA   ¡Es culpa de los putos polis, coño, que se llevaron el cuerpo y se dejaron la cartera! Sus colegas lo han puesto todo patas arriba y no han encontrado la cartera. Hablo como quiero, coño, que estoy en mi casa. Eh, vale, vale, lo siento. Se la llevo, claro que se la llevo. ¡Que se la llevo, coño! He dicho que se la llevo. No hace falta que mande a nadie. ¡Que no, joder! A ver, que estoy traumatizada, que se me ha muerto un tío con la polla dentro, y eso traumatiza, sea sensible, hostia puta. ¡Se la llevo! Se la llevo a la comisaría. Claro que la he tocado. ¿Cómo no iba a tocarla, si me ha dicho que busque el DNI?

ELENA   Pablo, soy Elena. Mi padre ha muerto. Llámame cuando oigas el mensaje. Mi hermano, Carlos, pasa de venir, y me lo voy a comer yo sola, con mi madre, pero ya sabes cómo es... Si oyes el mensaje a tiempo y, bueno, quieres venir, estoy en el Ramón y Cajal.

(*Cuelga y hace mutis, cruzándose con* GEMA, *que sale a escena y comienza a buscar por todo el escenario, mientras* NATALIA *sigue hablando por teléfono.*)

NATALIA   Déme una hora. Me visto y estoy allí. Gracias. Muchas gracias. (*Cuelga.*) ¡Gilipollas! (NATALIA *mira un segundo a* GEMA.) ¿Qué haces?

GEMA Déjame.

NATALIA ¿Has estado con ella?

GEMA Es una mierda.

NATALIA ¿Por qué vas?

GEMA ¡Es una mierda!

NATALIA ¿Qué esperabas?

GEMA (*Deteniéndose.*) ¿Qué esperaba?

NATALIA Es una estudiante en prácticas.

GEMA Ha terminado la carrera.

NATALIA ¿Sí?

GEMA Creo.

NATALIA ¿Seguro?

GEMA Sí.

NATALIA Nadie lo diría.

GEMA Bueno, da igual. La paga mi madre.

NATALIA ¿Y el alquiler?

GEMA Han detenido a Juan.

NATALIA   ¿Lo ha pagado ya?

GEMA   ¡Lo han detenido!

NATALIA   No quiero líos con la casera.

GEMA   ¡Natalia!

NATALIA   ¡No los quiero!

GEMA   ¡Han detenido a Juan!

NATALIA   ¿Qué?

GEMA   Le han *entrullado*.

NATALIA   ¿Qué es eso?

GEMA   ¿Eso?

NATALIA   *Entrullado*.

GEMA   Jerga, supongo.

NATALIA   ¿Tú hablas con jerga?

GEMA   Le han cogido, Natalia.

NATALIA   ¿Cómo lo sabes?

GEMA   Estaba allí.

NATALIA   ¡Hostias! ¿Estás bien?

GEMA   Fuera. En la calle. Les vi salir de su casa. Con él. Se lo llevaban esposado.

            (GEMA *vuelve a buscar.*)

NATALIA   ¿Por qué no me has llamado?

GEMA   ¿Cuándo?

NATALIA   Cuando le han detenido.

GEMA   No se me ha ocurrido.

NATALIA   Tenías que haberlo hecho.

GEMA   Me han robado el móvil.

NATALIA   ¿Quién?

GEMA   No lo sé.

NATALIA   ¿Lo has denunciado?

GEMA   ¿Dónde coño está?

NATALIA   ¿El qué?

GEMA   ¿Dónde está, Natalia?

NATALIA   ¿Dirá algo de nosotras?

GEMA   ¿Para qué?

NATALIA   No lo sé.

GEMA   ¿Dónde está?

NATALIA   ¡Lo he tirado por el váter!

GEMA   ¿Por qué?

NATALIA   Lo he tirado.

GEMA   Yo no puedo, ¡no puedo conseguir más! No puedo. Y necesito... ¡Hoy, sobre todo, hoy!

NATALIA   Gema...

GEMA   Yo hoy, necesito... ¡Lo necesito!

NATALIA   ¡Gema!

GEMA   ¿Qué?

NATALIA   Ha estado aquí la poli. Lo he tirado todo porque ha estado aquí la poli.

GEMA   ¿Qué has hecho, Natalia?

NATALIA   Un tío se ha muerto.

GEMA   ¿Aquí?

NATALIA   Mientras follábamos.

GEMA   ¿Cuál?

NATALIA   ¿Cuál?

GEMA   ¿Cuál?

NATALIA   ¡Uno! ¿Qué más da?

GEMA   ¿Estaba *colocado*?

NATALIA   Algo. Supongo. Un poco. Como todos.

GEMA   Eres gilipollas.

NATALIA   Ya. ¿El alquiler?

GEMA   Me has jodido bien.

(GEMA *inicia el mutis.*)

NATALIA   ¿Dónde vas?

GEMA   A la calle. Necesito no enterarme de nada.

(GEMA *hace mutis, justo cuando sale a escena* FANNY. *Mientras continúa la acción, se cambia de ropa. Se pone un pijama y vuelve a hacer mutis.* NATALIA *se pone una cazadora y se dispone a salir, cuando se encuentra una alianza de plata.*)

NATALIA   Vale. Genial. ¡Joder!

(*Sale a escena* ELENA *y se queda mirando al vacío, a la altura de una cama, mientras* NATALIA *se aparta.*)

ELENA   Hola, papá. Al final, te has muerto. Te has muerto. Se veía venir. ¿Ha valido la pena? ¿De verdad ha valido la pena? Mamá está fuera, esperando. No quiere entrar a verte. Yo tampoco quería, porque tenía miedo de que mi última imagen de ti fuese esta, ahí tirado, en una cama, amoratado, hinchado, muerto, con esos cables que te salen de todas partes, de la boca... ¿de verdad no podían quitarte los cables?, pero, ¡coño!, me he puesto a pensar cuál era mi último recuerdo de ti y no hay, no hay recuerdo. Pienso en ti y solo encuentro una ausencia. ¿Tan buenos eran esos coños, tan jodidamente buenos eran? ¿Tan buenos que te han hecho olvidarte de mí, de tu hija? Te van a bajar al tanatorio y después te enterraremos y todo se habrá acabado. ¿Ha valido la pena? (*Silencio.*) Yo también soy buena, papá, muy buena, aunque nadie me lo reconozca. (ELENA *inicia el mutis.*) Muy buena, papá, jodidamente buena.

(ELENA *hace mutis.* PABLO *se acerca a* NATALIA *y se sienta en una de las sillas.* NATALIA, *en la otra, a su lado.*)

NATALIA   ¿Ha pasado ya?

PABLO   (*Tapándose la cara, como si el sol le molestase.*) No. Eh, sí. ¿El qué?

NATALIA   ¿Qué haces aquí?

PABLO   Descanso.

NATALIA   ¿De qué?

PABLO   De todo, supongo.

NATALIA   ¿No esperas?

PABLO   ¿El qué?

NATALIA   El autobús.

PABLO   ¿Autobús?

NATALIA   Parada de autobús. ¿Ha pasado ya?

PABLO   No me he fijado.

NATALIA   Es una cosa grande, azul. (*Silencio.*) No debe-
          rías estar aquí solo.

PABLO   ¿Y tú?

NATALIA   Yo me sé cuidar.

PABLO   Y yo, ¿no?

NATALIA   No da la sensación. ¿Un mal día?

PABLO   Como todos.

          (*Silencio.*)

NATALIA   Las mañanas no deberían existir.

PABLO   ¿Has madrugado?

NATALIA   No he dormido.

PABLO   Lo siento.

NATALIA   Me he pasado la noche en comisaría.

PABLO   ¿Y te han soltado?

NATALIA   Declarando.

PABLO   Ah, mejor, supongo.

NATALIA   Se me ha muerto un tío en casa.

PABLO   ¿Te pasa mucho?

NATALIA   Follando. Lo he matado follando.

PABLO   Lo siento.

NATALIA   Era un cabrón. Me mentía. Casado. Con hijos. No me dijo ni su nombre real. ¿Por qué los tíos mentís para follar?

PABLO   Mi novia me ha echado de su casa.

NATALIA   ¿Con razón?

PABLO   Supongo.

NATALIA   No pareces un mal tío.

PABLO   Le molesta que no quiera tocarla.

NATALIA   ¿Tocarla?

PABLO   Follarla.

NATALIA   A mí todos los tíos quieren follarme.

PABLO   Enhorabuena.

NATALIA   Pero ninguno me dice la verdad. ¿Hay alguien más?

PABLO   ¿Dónde?

NATALIA   En lo tuyo.

PABLO   ¿Con mi novia?

NATALIA   En general.

PABLO   No quiero tocar a nadie.

NATALIA   ¿Por algo en especial? (PABLO *se encoge de hombros.*) Es raro.

PABLO   Eso dice ella.

(PABLO *se levanta, inquieto.*)

NATALIA   ¿Entonces?

PABLO   ¿Qué?

NATALIA   Si te tocan...

PABLO   ¿Si me tocan...?

NATALIA   ¿Qué pasa? ¿Te da alergia, te disuelves?

PABLO   La polla...

(*Sale a escena* FANNY *con su pijama y un bol con palomitas. Coge la silla que ha dejado* PABLO *desocupada y se sienta a ver la tele, que enciende con un mando, mientras come palomitas, con conguitos y chocolatinas.*)

NATALIA   ¿La polla?

PABLO   No me funciona.

NATALIA   ¿Con tu novia?

PABLO   No es mi novia.

NATALIA   Lo has dicho tú...

PABLO   Digo muchas cosas.

NATALIA   ¿Ella lo sabe?

PABLO   Ahora sí, supongo.

NATALIA   ¿Con ella no se te pone?

PABLO   Ni con otras.

NATALIA   Con hombres.

PABLO   Tampoco.

NATALIA   ¿Desde hace cuánto?

PABLO   Desde siempre.

NATALIA   Hostias. Es raro.

             (NATALIA *saca una petaca y bebe.*)

PABLO   ¿Me das?

             (*Se la pasa.* PABLO *bebe. Suena su móvil.*)

NATALIA   Es el tuyo.

PABLO   Si lo dejo en paz, para. (*Deja de sonar.*) ¿Ves?

             (*Sale a escena* ELENA, *con los ojos rojos, con el móvil en la mano.*)

ELENA   Hola, Pablo. Si ves esto, llámame, por favor. Ya lo han bajado al tanatorio. Ahora tenemos que ver, bueno, a gente de funerarias, para elegir, bueno, para decidir qué coño hacemos con él. Mi madre se ha ido. Estoy sola y este sitio... Bueno, Pablo, si puedes, llámame.

(*Cuelga y se aparta.* FANNY *se ríe con algo que ha visto en la tele.*)

NATALIA   ¿Nunca?

PABLO   Nunca.

NATALIA   ¿Eres virgen?

PABLO   Supongo.

NATALIA   Eso es un marrón.

PABLO   Mi abuela pensaba algo distinto.

NATALIA   ¿Hablas mucho con ella?

PABLO   Está muerta.

NATALIA   ¿Y correrte?

PABLO   ¿Con mi abuela?

NATALIA   En general.

PABLO   Eso sí. Me tengo muy bien cogido el punto.

NATALIA   ¿El punto?

PABLO   Práctica.

NATALIA   ¿Piensas en gente?

PABLO   ¿En gente?

NATALIA   Mientras lo haces.

PABLO   A veces.

NATALIA   ¿En esa novia tuya?

PABLO   En gente, en general. Gente con la que me cruzo. Nadie en especial.

NATALIA   Eres raro.

PABLO   Me lo dicen mucho.

NATALIA   Lo entiendo.

PABLO   ¿Sabes? Muchas veces he pensado en dejar de eyacular.

NATALIA   Hostias. Trae.

(*Le quita la petaca y bebe.*)

PABLO   No lo sé. Tantra y todo eso.

NATALIA   ¿Eres vegano?

PABLO   ¿Qué tiene que ver?

NATALIA   Pensaba que todas esas gilipolleces iban unidas.

(*Silencio.*)

PABLO   Cuando estoy enamorado me siento bien.

NATALIA   A mí me crea ansiedad. Necesito que alguien
               me quiera, pero me da pánico la dependencia.

PABLO   Pero después... es decir, soy como un psicó-
               pata emocional.

NATALIA   Quiero que un chico, un buen chico, me lla-
               me, después de follármelo, pero cuando lo
               hace, me agobio y le bloqueo.

PABLO   Miro a una chica, la escucho, me gusta, co-
               mulgo con ella, nos entendemos...

NATALIA   Y quiero llamar, a veces, quiero llamar yo, pero
               no puedo. Odio la idea de que alguien crea
               que dependo de él, y, claro, también le blo-
               queo.

PABLO   Busco alguien con quien compartir, no sé, que
               comprenda y que, bueno, que... pero rápida-
               mente se queda en nada.

NATALIA   Elijo hombres comprometidos. Ya, últimamen-
               te, sin querer. Hombres que ni me dicen su
               verdadero nombre, coño.

PABLO   Y, después, el hambre regresa más fuerte que
               nunca. Leí que los psicópatas...

NATALIA   ¿Psicópatas?

PABLO   Psicópatas.

NATALIA   ¿Te gustan los psicópatas?

PABLO   Mucho. (*Disculpándose.*) Me interesan.

NATALIA   Creo que eso es lo último que una buena chica quiere oír de un tío raro en una parada de autobús a las diez de la mañana.

PABLO   Leí que mataban una y otra vez porque tenían unas expectativas sobre lo que sentirían, pero nunca lograban sentirlo. Cuando habían terminado, se sentían peor que al comenzar. A mí me pasa lo mismo.

NATALIA   Llevo un spray de pimienta.

PABLO   ¿Para qué?

NATALIA   Para gente como tú.

PABLO   Yo no soy peligroso.

NATALIA   ¿Qué pasaría si te tocase ahora?

PABLO   Probablemente, lloraría.

            (*Silencio.* PABLO *comienza a andar.*)

NATALIA   ¿Te marchas?

PABLO   Solo estaba descansando.

(*Mira la petaca. Ella se la pasa. Bebe. Hace ademán de devolvérsela.*)

NATALIA   Quédatela. Está bien.

PABLO   No. No está bien. Nada está bien.

(PABLO *se aleja y se adormila en la otra punta del escenario, hecho un ovillo, mientras* NATALIA *continúa esperando. Sin saber por qué, ella empieza a llorar. En ese instante, sale* LUCÍA, *con una carpeta grande debajo del brazo. Se acerca a* ELENA *y le ofrece la mano.*)

LUCÍA   Buenos días, perdone que haya tardado. Me llamo Lucía Yánez. La acompaño en el sentimiento.

ELENA   Muchas gracias.

(LUCÍA *mira, inquieta, dónde poder hablar. Justo en ese momento, se escucha el ruido de un autobús, y* NATALIA *se marcha.* FANNY *hace mutis, tras apagar la televisión.* LUCÍA *coge las sillas y las prepara, mientras habla.*)

LUCÍA   Entiendo perfectamente por lo que está pasando.

ELENA   ¿Perfectamente?

LUCÍA   Sé que es un momento muy duro.

ELENA   ¿Se le ha muerto a usted su padre?

LUCÍA   Eh, bueno...

ELENA   ¿Se le ha muerto follando con una zorra, después de haber abandonado a su madre, a su hermano y a usted misma, y, encima, ha terminado descubriendo que la zorra del chocho asesino, no es la zorra habitual, sino una zorra completamente nueva? ¿Le ha pasado todo esto que le digo?

LUCÍA   Eso son muchas zorras. (*Pausa.*) Bueno, mi padre sí se murió. De un cáncer. Algo muy largo y doloroso. Es decir, que, en cierta medida, y sin tener a las zorras en cuenta, sí la entiendo.

ELENA   ¿Me entiende?

LUCÍA   La entiendo.

ELENA   Se lo agradezco.

        (*Silencio.*)

LUCÍA   Por eso creo que, en momentos como este, se puede encontrar cierto consuelo en las pompas funerarias.

ELENA   ¿Pompas?

LUCÍA   Funerarias.

ELENA   Mi madre no ha querido quedarse.

LUCÍA   Es lógico, teniendo en cuenta la cantidad de
            zorras implicadas, claro. Mire, si usted... ¿Ha
            pensado si prefiere incinerar o enterrar?

ELENA   ¿Por qué hay gente que no puede contentar-
            se con una sola pareja?

LUCÍA   No lo sé. Igual que tampoco sé cuánto que-
            rría gastarse la familia, pero...

ELENA   ¿Es cosa de hombres o de mujeres?

LUCÍA   Suele cubrirlo la familia entera.

ELENA   ¿Entera?

LUCÍA   Suele cubrirlo. A veces se hace una colecta.

ELENA   ¿De qué está hablando?

LUCÍA   Del entierro.

ELENA   Yo le estoy hablando de fidelidad.

LUCÍA   ¡Ah! Claro, fidelidad.

ELENA   De fidelidad, de amor y de sinceridad. ¿Por
            qué los hombres no son sinceros?

LUCÍA   No lo sé. Hay de todo. Como en nuestro sur-
            tido de ataúdes.

ELENA   Mi novio no me toca.

LUCÍA   (*Para sí misma.*) Su novio no la toca. (*Pausa.*)
            ¿Alguna... madera en especial?

ELENA   ¿Madera?

LUCÍA   ¿Tiene predilección por algún tipo de made-
            ra?

ELENA   ¡Mi novio no me toca! No me toca.

            (*Silencio.*)

LUCÍA   (*Muy bajito.*) A mí me gusta el roble, pero es
            caro, claro.

ELENA   ¿Será hereditario, lo de mi madre, lo de que
            los hombres la jodan? Yo creo que ve a otra.
            Mi novio. No es otra cosa. Como mi padre. A
            veces, repetimos la historia, ¿no?

LUCÍA   A su padre... ¿le gustaba más el campo o las
            barbacoas?

ELENA   ¿Qué?

LUCÍA   Por saber si sería más de su agrado un entie-
            rro o una incineración.

ELENA   (*Estallando.*) ¿Puede ya dejar de hablarme de
            esas mierdas, por favor? ¡Mi padre se acaba
            de morir!

LUCÍA   Por eso le hablo de esas cosas. Es mi trabajo.

ELENA   (*Desarmada.*) ¿Su trabajo?

LUCÍA   Mi trabajo.

ELENA   ¿Y le gusta?

LUCÍA   Es lo que toca.

               (*Silencio.*)

ELENA   Mi padre no quería, bueno, no quería que le rajasen ni cortasen.

LUCÍA   Normal. Nadie quiere.

ELENA   Después de muerto.

LUCÍA   Ah.

ELENA   Yo supongo que él hubiese querido que le incinerasen.

LUCÍA   Hay ataúdes muy económicos, en ese caso.

ELENA   Pero si le van a quemar...

LUCÍA   ¿Y qué?

ELENA   ¿Para qué necesitamos el ataúd?

LUCÍA   Habrá que ponerlo en algún sitio para quemarlo. (*Silencio.*) En realidad, no se me da muy bien. No suelo vender mucho. Me van a despedir. Es natural.

ELENA   Si yo... bueno, si yo comprase algo caro, ¿ayudaría?

(*Desde el foro, sale* GEMA, *mientras* LUCÍA *le da un gran abrazo a* ELENA. GEMA *avanza y se santigua.*)

GEMA   Hola, bueno, no sé qué es lo que se dice en estos casos. Buenos días, supongo. (*Se saca una moneda del bolsillo y la mete en una ranura. Se enciende un crucifijo en el foro, lleno de luces, mientras* LUCÍA *abre el catálogo y comienza a enseñárselo a* ELENA.) Hacía mucho que no venía... Venga, coño, a quién engaño, ¿cuándo hostias he pasado yo por una iglesia? Pero, bueno, aquí estoy. (ELENA *y* LUCÍA, *viendo el catálogo, hacen mutis.*) Y quiero hablar, quiero hablar contigo, porque no creo y toda esa mierda, pero si me están jodiendo tanto, no puede ser una casualidad, tiene que haber un capullo *hijoputa* detrás de todo esto, moviendo los hilos, y, claro, he pensado en ti. Cuando pasan cosas malas todo el mundo piensa en ti. Coño, eres el sospechoso número uno en las catástrofes. Algo habrás hecho, vamos, digo yo. ¿Por qué se suicidó mi padre? Es decir, Tú tienes que saberlo, ¿no? Alguien tiene que saberlo. Todavía —hace ya más de veinte años, ¿sabes?— me despierto y, por la mañana, tengo miedo de entrar en la cocina. Sí, yo, tengo miedo de entrar en la cocina. No te puedes imaginar la sensación que da ver a tu padre en un charco de sangre en mitad de la cocina. Puta cocina de mierda. Luego me preguntan por qué paso de cocinar. *Hazme una mamada*, las que quieras, colega, pero unos huevos fritos, te los va a hacer tu puta madre. Entré, entré sin creérmelo, llamándole... Papá, papá, ¿estás bien? Noté la sangre en los pies. Iba descalza. Me dio asco. Asco, ¡qué hija de puta, ese cerdo muerto, y a ti te da asco un poco de sangre! Un poco de sangre, había tanta. Seguí acercándome a él, llamándole... ¿Papá? ¿Papá? ¿Estás bien, papá? Coño, Dios, que era una niña, si existes, si Tú existes, ¿cómo hostias benditas dejas que una niña se levante y se encuentre con ese marrón en la cocina? Hostia puta, ¿cómo lo permites? Si existes, que nada apunta a ello, porque los niños seguimos levantándonos y encontrándonos la mierda de los adultos en la cocina. Papá, por favor, papá, despierta, seré buena, papá, si no te pasa nada malo, seré buena, me lavaré los dientes, no gritaré mientras duermes, papá, seré buena, estarás orgulloso, pero no te mueras, papá, no te mueras. Y se murió, como todos, como siempre, se murió. Y Tú, si existes, si es que, al final, vas y tienes los santos cojones de existir, lo permitiste. ¿Por qué? Esas cosas no se le hacen a nadie. Muerto. Y sin respuestas. Encontraron una nota. Una mierda de nota que no me ha aclarado nada. (*Saca la nota de la cazadora.*) ¡Explícame, hostias, explícame, ¿qué coño significa esto?! Me quedé tarada, ¿sabes? Tú estás de puta madre, ahí en tu cruz, pero yo me quedé tarada, muy tarada. Me da mucho miedo, ¿sabes?, mucho, que la gente se vaya. Tanto, que mi psicóloga es una mierda, y no logro cambiarla por una en condiciones. No puedo prescindir de la gente, me lleno de... ¿cómo se llaman esas cosas que arrastran las ballenas...? ¡Cállate! ¡Lo sé! ¿Cómo se llaman? Da igual, me lleno de esas mierdas por miedo... ¡Rémoras! Me lleno de rémoras, porque soy incapaz de apartar a nadie por miedo al abandono. Estaba muerto y a mí me daba asco la sangre. ¿Vas a seguir ahí, flaco de mierda, sin decir nada? Cuando alguien te pregunta, joder, es de buena educación responder. Vale, muy bien. No te importo. ¿Es eso? Da igual. Estoy acostumbrada. (*Inicia el mutis, pero justo antes de hacerlo, se detiene un segundo.*) Me han robado el móvil, ¿sabes? Y de eso también te culpo a ti.

(*Mientras* GEMA *hace mutis, se apaga el crucifijo, y comienza a sonar un timbre. Sale a escena* NATALIA, *con un cepillo de dientes metido en la boca.*)

NATALIA   Voy, voy.

(*Entra en escena* CARMELA, *con aire tímido. Las dos mujeres se miran.*)

Carmela   Hola. Perdona, si te molesto...

Natalia   Si es por lo de la poli, no es culpa nuestra.

Carmela   ¿La Policía?

Natalia   Por lo de que hayan estado toda la noche entrando y saliendo de aquí. Ha sido por un accidente. No hemos hecho nada malo. (Carmela *echa un vistazo por la casa, mientras* Natalia *habla.*) ¿Eres la presidenta?

Carmela   ¿La presidenta?

Natalia   De la comunidad.

Carmela   No. Una vecina.

Natalia   Ah, ¿y qué quieres?

Carmela   No lo sé.

Natalia   ¿Estás bien?

Carmela   Sí. No. ¿Cuál era la pregunta?

Natalia   ¿Aviso a un médico?

Carmela   No creo que sirva de nada.

Natalia   Me estás asustando.

Carmela   Lo siento.

NATALIA   Hoy he conocido a un chico que no paraba de disculparse.

CARMELA   ¿Había hecho algo malo?

NATALIA   Como todos.

CARMELA   Eres muy amable.

NATALIA   Sí, claro. Perdona, ¿te llamas?

CARMELA   Carmela.

NATALIA   No me suena haberte visto por aquí.

CARMELA   ¿Por aquí?

NATALIA   Por el edificio. El ascensor.

CARMELA   Está estropeado.

NATALIA   Lo sé.

CARMELA   ¿Lleva mucho así?

NATALIA   ¿De qué piso decías que eras?

CARMELA   Debió de costar sacarle. Anoche, quiero decir. Sin ascensor. Tuvo que ser muy difícil.

NATALIA   Creo que es mejor que te vayas.

(FANNY *sale vestida de deporte, unos pantalones cortos y un top, enciende la tele con el mando y comienza a machacarse a muerte haciendo aeróbic.*)

CARMELA   No soy, bueno, no vivo aquí.

NATALIA   Ya.

CARMELA   Quería hablar contigo. (*Silencio.*) Carlos y yo, bueno, vivíamos juntos.

NATALIA   Mierda.

CARMELA   Tranquila.

NATALIA   Una mierda.

CARMELA   No vengo a montar una escena.

NATALIA   Una escena.

CARMELA   No vengo a eso.

NATALIA   ¿Y qué quieres?

CARMELA   Hablar.

NATALIA   ¿De qué?

CARMELA   ¿Te lo has cargado adrede?

NATALIA   ¿Qué?

CARMELA   ¿Lo has matado adrede o sin querer? (*Apresu-
                 radamente ante la reacción de* NATALIA.) Es de-
                 cir, yo llevo tres años viviendo con él, y no le
                 soporto. Empezamos cuando todavía estaba
                 con su mujer. Tiene dos hijos. Una chica y un
                 chico. Ella es de nuestra edad; él es mayor.
                 Empezamos por cosas, circunstancias...

FANNY   (*Gritando.*) ¡Puta gorda, puta gorda, puta gor-
                 da asquerosa!

NATALIA   ¿Circunstancias?

CARMELA   Que nos hicieron acercarnos. En un momen-
                 to, pensé que nos habíamos enamorado, pero
                 una noche estábamos durmiendo, es decir,
                 dormía él, yo tengo insomnio, y se tiró un
                 pedo, un pedo atroz y desconsiderado, una
                 cosa horrible, me dio la sensación de que se
                 había hecho daño —ese sonido no podía sa-
                 lir de algo vivo— y me di cuenta de que no
                 quería que sus pedos fuesen la banda sonora
                 de mi vida.

NATALIA   ¿Sus pedos?

CARMELA   La banda sonora de mi vida. No quería. Iba a
                 dejarle. Llevo desde noviembre pensando cómo
                 hacerlo, pero tú te has adelantado.

NATALIA   Estamos en febrero.

CARMELA   Soy lenta.

NATALIA   Lenta.

CARMELA   Pero le odio.

FANNY   ¡Puta gorda, puta gorda, puta gorda asquerosa! ¡Marrana!

NATALIA   ¿Y qué quieres?

CARMELA   Quiero saber si tú veías algo bueno en él. Si se podía ver algo bueno en alguien como él, y a mí se me estaba pasando. Tengo treinta años.

NATALIA   No los aparentas.

CARMELA   Gracias.

NATALIA   Es la verdad.

CARMELA   Y necesito saber si he desperdiciado los últimos cinco.

NATALIA   ¿No eran tres?

CARMELA   Tres de convivencia. Dos de relación anterior, sin que su mujer lo supiese.

FANNY   (*Gritando.*) ¡Cerda, cerda apestosa!

(FANNY *cae al suelo exhausta y, en el suelo, saca una chocolatina y se la come, llorando, mientras hace mutis.*)

CARMELA   Necesito saber si tenía cosas buenas, porque si las tenía de verdad, entonces, simplemente es que se ha muerto el amor. Lo ha matado el día a día. Eso pasa, cuando no estás enamorada de verdad, pasa, y sería normal, y estaría bien.

(*Silencio.*)

NATALIA   ¿Qué quieres?

CARMELA   ¿Te caía bien?

NATALIA   ¡Yo qué sé! Se ha muerto en mi casa. Hostias, esto no puedo... A ver, tú sabes que yo me lo estaba follando, ¿verdad?

CARMELA   Lo sé, y no me importa. Te lo juro. No te guardo rencor. Me parece bien. Yo ya no lo hacía. Alguien tenía que pringar. Te lo agradezco, incluso.

NATALIA   ¿Y por qué no estás en el tanatorio?

CARMELA   Me han echado.

NATALIA   ¿Quién?

CARMELA   La mujer y su hija.

NATALIA   Esto es demasiado, demasiado para afrontarlo sobria. Espera aquí.

(NATALIA *hace mutis. Suena un móvil y* PABLO *se despierta. Mira el móvil. Contesta.*)

PABLO   ¿Sí?

(*Desde el otro extremo del escenario, sale* ELENA *con otro móvil distinto. Se coloca en el extremo contrario, dejando a* CARMELA *entre ambos.*)

ELENA   Lo has cogido.

PABLO   ¿Quién es?

ELENA   Soy yo. (*Silencio.*) ¿Sigues ahí?

PABLO   Claro. Este no es tu número.

ELENA   Me han robado el móvil.

PABLO   ¿Quién?

ELENA   No lo sé.

PABLO   ¿Lo has bloqueado?

ELENA   No me importa mi móvil ahora.

PABLO   Lo decía por ti.

ELENA   ¿Me lo has cogido porque no sabías que era yo? (*Silencio.*) ¿Por qué pregunto?

PABLO   Ya.

ELENA   No has ido a casa.

PABLO   ¿A casa?

ELENA   A tu casa.

PABLO   No, no he ido.

ELENA   ¿Has vuelto a dormir en la calle? (*Silencio.*) No estás hecho para eso.

(*Silencio.*)

PABLO   Lo siento.

ELENA   (*Murmurando.*) Mi padre ha muerto.

PABLO   ¿Qué?

ELENA   ¡Mi padre ha muerto!

PABLO   Ah, eso también lo siento, supongo. ¿Qué ha pasado?

ELENA   Ya te lo he dicho. Se ha muerto.

PABLO   ¿Estás sola?

ELENA   ¿Vendrías si estuviese sola? (*Silencio.*) Ha estado mi madre. Después ha venido mi madrastra, supongo. La hemos echado.

PABLO   ¿Tienes madrastra?

ELENA   Como Blancanieves.

PABLO   No lo sabía.

ELENA   No preguntaste.

PABLO   No se me da bien preguntar.

ELENA   No. No se te da bien la gente.

PABLO   ¿Cómo fue?

ELENA   Estaba follando con una puta y se ha muerto.

PABLO   (*Para sí mismo.*) ¡Joder, qué situación!

ELENA   ¿Vas a volver? (*Silencio.*) Eres un gilipollas muy complicado. No eres lo que necesito. Pero hoy no quiero estar sola. Se ha muerto mi padre. (PABLO *deja el móvil y vuelve a hacerse un ovillo en un rincón.*) Me gustaría tenerte aquí. Esta noche solo. En casa. Abrazados. Nada más. No voy a pedirte nada más... Ni voy a acabar con tu polla blanda en la boca. Solo abrazos. ¿Una peli? ¿Puedes darme eso? ¿Solo eso? (*Silencio.*) ¿Estás ahí? (*Silencio y cuelga.*) No, no estás. Claro. No estás.

(ELENA *mira a los lados sin saber qué hacer. Se apoya en el foro, y se escurre hasta el suelo, contra su voluntad, mientras sale a escena* NATALIA *con una botella de vodka en la mano.*)

NATALIA (*Enseñándole el anillo.*) Supongo que esto era suyo, bueno, vuestro.

CARMELA No.

NATALIA ¿De cuando se casó?

CARMELA Era de oro.

NATALIA Mierda.

CARMELA No tenía nada especial, ¿verdad?

NATALIA Nada.

(NATALIA *bebe.*)

CARMELA ¿Y por qué?

NATALIA ¿Por qué?

CARMELA ¿Por qué estabas con él?

NATALIA No estaba con él.

CARMELA Estabas con él.

NATALIA Solo me lo follé.

CARMELA Ya, pero, ¿por qué a él?

NATALIA No lo sé, porque estaba ahí, supongo.

(Natalia *bebe.*)

Carmela   ¿Solo?

Natalia   Solo.

Carmela   No me parece un buen motivo. (Natalia *bebe.*) Por favor.

Natalia   No hay más.

Carmela   Por favor.

Natalia   Creo que elijo a gente que no voy a echar de menos.

Carmela   ¿Por qué?

Natalia   No me quiero.

Carmela   ¿No te caes bien?

Natalia   No mucho.

Carmela   Te entiendo.

Natalia   (*Ofreciéndole la botella.*) ¿Quieres?

Carmela   Llevo la vida entera, toda la vida, intentando encontrar una razón para seguir viviendo. Me he esforzado en definirme, y, como no podía hacerlo sola, me he definido respecto a los demás, y ahora resulta que los demás son tan mierdas como yo. He luchado tanto por lograr definición que, al final, me he desdibujado. La vida no es para mí.

(*Saca una pistola y se pega un tiro en la boca. Cae muerta al suelo.*)

NATALIA ¡Me cago en la puta! (*Por el sonido,* ELENA *levanta la cara de golpe, y* PABLO *se despierta. Silencio. Los dos miran a ambos lados. Ella se tapa la cara y* PABLO *vuelve a dormirse.* NATALIA *se acerca sin comprender a* CARMELA. *La toca con un dedo.*) Pero, ¿qué coño...? ¿Qué coño has hecho? ¡Puta loca de los huevos! ¿Qué has hecho? ¿Por qué todo el mundo se muere en mi casa? ¿Por qué todo el mundo tiene que morirse en mi puta casa? Yo, yo tengo un acuerdo muy ventajoso con mi compañera de piso, un acuerdo por el cual su madre paga el puto alquiler, y existe un pacto tácito que forma parte de ese acuerdo, por el cual ninguna zorra loca desparrama sus sesos por el salón. (*Le pega una patada.*) Ese pacto tácito es la base de que yo no pague alquiler, y tú vas y lo jodes. (*Le pega una patada.*) ¡Coño, dos muertos en dos días! ¡Dos muertos! ¡En mi casa! Es mucha coincidencia. Mucha coincidencia. La Policía va a flipar, Gema va a flipar, ¡yo estoy flipando, coño! Tía, tenías treinta años, nada es tan grave con treinta años. ¡Se podía solucionar! ¿Que te has follado a un idiota? Bueno, mala suerte. No eres la primera. ¡No lo eres, no lo eres! ¡Podrías haber encontrado...

a otro idiota distinto y haber sido feliz, pero vas y te pegas un tiro, te pegas un puto tiro! ¿Y qué has ganado con este puto número? (*Le pega una patada.*) Dime, ¿qué has ganado? (*Le pega una patada.*) Joder, me cago en la puta. Yo he sido amable. Te he dejado pasar, te he escuchado, te he... Cuando te mueres, te mueres. Joder, nada es tan grave, nada es tan... definitivo. ¿Y por qué en mi casa? ¿No se te ha ocurrido un sitio mejor? ¡¿Por qué todo el mundo se muere en mi casa?!

(NATALIA *se pone la mano en la frente y ve que la tiene manchada de sangre por haber tocado a* CARMELA. *Se la limpia en la pierna con fuerza. Se agacha a su lado, mientras sale a escena* LUCÍA *cogiendo el móvil, al tiempo que sujeta la carpeta como puede para que no se le caiga.*)

LUCÍA   ¿Papá? Perdona. Estaba trabajando. Voy muy bien. Un caso importante. En el bufete están muy contentos conmigo. Me cuidan mucho. Dicen que soy un valor en alza. Alguien en quien se puede confiar. Hago muchas horas extras y no me quejo. Papá... papá... escucha. Escucha. Es lo que hay que hacer. Escucha. No, no me tratan mal. Es mejor que otros sitios. De verdad. El mundo del Derecho es muy competitivo. Y yo quiero ser la mejor. Me van a ascender. Ayudo a la gente. Ayudo. (*Suena otro móvil.*) Perdona, papá, me suena el móvil del trabajo. Tengo que cogerlo. Mi jefe confía en mí. Dile a mamá que la quiero. En verano me escapo y os veo. (*Cuelga y coge el otro móvil.*) Hola.

(NATALIA *se gira y tiene un móvil en la mano.*)

NATALIA		¿Gema?

LUCÍA		¿Sí?

NATALIA		¿Gema?

LUCÍA		No.

NATALIA		¿Quién coño eres tú?

LUCÍA		No soy Gema.

NATALIA		Eso ya lo sé. ¿Quién coño eres?

LUCÍA		Lucía.

NATALIA		¿Estás con Gema?

LUCÍA		Sí. En cierta forma, sí.

NATALIA		Dile que se ponga.

LUCÍA		No puede.

NATALIA		Espera, espera, me dijo que le robaron el móvil.

LUCÍA		¡Mentira!

NATALIA   ¡Me dijo...!

LUCÍA   Lo perdió.

NATALIA   ¿Lo perdió?

LUCÍA   Ya sabes cómo es. Pierde las cosas.

NATALIA   Dijo que se lo robaron.

LUCÍA   Exageraba. Tú la conoces mejor que yo.

NATALIA   Sí, claro.

LUCÍA   En el Metro. Se le cayó, cuando me ayudaba. Mi abuela está muy mayor. Usa muletas. Yo la estaba acompañando, cuando se cayó. Gema nos ayudó. Se le cayó el móvil. Esas cosas pasan. Yo lo encontré. Pensé que nunca podría devolvérselo, pero ella llamó desde otro móvil, y le dije que se lo devolvería.

NATALIA   ¿Y tu abuela?

LUCÍA   En su casa. La dejé y me cité con Gema. Mi abuela es una mala persona. Tiene un gato, pero le maltrata. No le da de comer. Mi abuela es una mujer horrible. Creo que pega al gato. Palizas. Es una vieja desagradable. Cuido de ella porque es mi abuela. A veces pienso que estaría mejor muerta. Perdona por contarte esto. Siempre que la veo, salgo frustrada. ¿Crees que debería quitárselo?

NATALIA   ¿Qué?

LUCÍA   Quitárselo.

NATALIA   ¿El qué?

LUCÍA   El gato.

NATALIA   ¿Estás con Gema?

LUCÍA   Sí.

NATALIA   Dile que se ponga.

LUCÍA   No puede. Ya te lo he dicho.

NATALIA   Dile que se ponga ahora mismo.

LUCÍA   Ha tenido un accidente.

NATALIA   ¿Qué dices?

LUCÍA   Lo siento mucho.

NATALIA   ¿Qué coño estás diciendo?

LUCÍA   Ha cruzado sin mirar.

NATALIA   ¿Qué?

LUCÍA   Ha muerto.

NATALIA   ¡No puede ser!

LUCÍA   Lo siento mucho. Ha muerto. Ha sido horrible. La han atropellado. Ha muerto. Lo siento. Lo siento mucho. Todos los días mueren personas. Hay gente que vende ataúdes en previsión de esas posibles muertes. Hoy ha sido Gema, mañana puedes ser tú. Lo siento.

               (*Cuelga ante el estupor de* NATALIA, *que vuelve a llamar rápidamente.* LUCÍA *apaga el móvil. Sale a escena* FANNY *vestida con un pijama y una tarrina de helado.* GEMA *se acerca desde el foro a* FANNY, *que está sentándose, mientras* LUCÍA *hace mutis riéndose. Silencio.*)

NATALIA   ¡Y ahora, ¿quién coño me paga a mí el alquiler?!

               (NATALIA *hace mutis arrastrando el cadáver de* CARMELA.)

GEMA   Han detenido a mi camello.

               (FANNY *ve a* GEMA.)

FANNY   ¿Qué haces en mi casa?

GEMA   Han detenido a mi camello.

FANNY   ¿Tienes un camello?

GEMA   Alguien de confianza.

FANNY   ¿Qué coño haces en mi casa, Gema?

GEMA   Y alguien me ha quitado el móvil.

FANNY   El lunes podemos hablar de lo que te dé la gana en la consulta. No recibo pacientes en mi casa.

GEMA   Tenía más números, gente que podría... (FANNY *hace ademán de volver a hablar.*) ¡Cállate! Teléfonos de gente que podría ayudarme. Ayudarme en un caso como este, pero me han quitado el móvil. No quiero estar consciente hoy, no quiero enterarme de nada.

FANNY   ¿Has terminado?

GEMA   En realidad, no.

FANNY   Fuera de aquí.

GEMA   Necesito drogas.

        (*Silencio.*)

FANNY   Drogas.

GEMA   Drogas.

FANNY   Vete de mi casa.

GEMA   No puedo estar consciente hoy, no puedo. No me obligues a hacer algo de lo que las dos nos vamos a arrepentir. Soy una persona que siente mucho dolor, Fanny. Esta cosa que yo siento es lo que Dios debió de imaginar cuando inventó el dolor. Y te advierto de que una persona que sufre como yo, es capaz de cualquier cosa.

FANNY   Soy psicóloga.

GEMA   ¿Y qué?

FANNY   No receto. Los psicólogos no recetan. Esos son los psiquiatras.

GEMA   ¿Los psiquiatras?

FANNY   Los que recetan.

GEMA   Estamos jodidas.

(*Silencio.* FANNY *hace mutis corriendo y* GEMA *la persigue, cruzándose con* LUCÍA, *que sale a escena. Se quita la chaqueta y la cuelga en una de las sillas. Después, se descalza. Hace mutis y regresa con una bata y una tartita con dos velas. Son demasiado grandes para la tarta. Se le mueven. Las clava. Se le van a caer. Las clava mejor. Suena su móvil. Lo coge.*)

LUCÍA   ¡Hola, papá! ¡Claro! ¡Sí! ¡Qué ilusión! Pensaba que te habías olvidado. No, es normal. Con todo el lío de estos meses y cuidar a mamá... Muy bien. Ha sido un día muy bonito. Sí, me han felicitado todos. Algunos clientes del bufete se han acordado. Llamadas y mensajes. Y flores. Un admirador, creo. Un cliente importante. Solo trata conmigo, me pide siempre. Rosas rojas, papá. ¡No, imposible! No, no puedo. A lo mejor en verano. A lo mejor en verano bajo. Claro. Mis amigos. Una fiesta sorpresa. Estamos en mi casa. ¡Ahora voy, chicos! ¡Cómo sois! Te tengo que dejar. Me esperan para soplar velas. (*Se ríe.*) No, tonto. Eso tengo que hacerlo yo. Mañana hablamos. Gracias, papá. Yo también. (*Cuelga. Suspira. Enciende las velas. Silencio.*) (*Muy suave.*) Cumpleaños feliz. Cumpleaños feliz. Te deseamos todos... (*Mira alrededor.*) Me deseo a mí misma, cumpleaños... feliz.

(*Sopla las velas. Se apagan y, en ese mismo instante, sale a escena* FANNY *disparada, como si la empujasen. Cae al suelo. Detrás, acto seguido, sale* GEMA *y le da una fortísima patada en las costillas.* FANNY *ahoga un grito.* LUCÍA *comienza a comer tarta con tranquilidad.* GEMA *coge del pelo a* FANNY *y la obliga a levantarse.*)

GEMA   ¡Ketamina!

FANNY   No.

(GEMA *le pega una bofetada.*)

GEMA   ¡Orfidal!

FANNY   ¡No tengo!

(GEMA *le pega otra bofetada.*)

GEMA   ¡Valium!

FANNY   ¡No tengo drogas en casa!

              (GEMA *levanta la mano para descargar un golpe,
              pero se detiene.* FANNY *se cubre la cara. Silencio.*)

GEMA   Menuda mierda. (*La suelta y* FANNY *cae al sue-
              lo.*) ¿Eres feliz?

FANNY   Depende de con quién me compares.

GEMA   ¿Por eso no tienes drogas?

FANNY   No tengo drogas porque no soy psiquiatra,
              coño. ¡Ketamina! Eso es un anestésico para
              caballos.

GEMA   ¿Y qué?

FANNY   Que tampoco soy veterinaria. (*Silencio.*) ¿Si
              te pregunto qué ha pasado...?

GEMA   ¿Qué ha pasado?

FANNY   Sí, ¿qué ha pasado?

GEMA   Yo no sé qué ha pasado.

FANNY   Qué ha pasado para que te cueles en mi casa
              y me partas la cara.

GEMA   No te he partido la cara...

FANNY   Me has pegado.

GEMA   Poco.

FANNY   Demasiado.

GEMA   Pero no suficiente, coño. Si yo te partiese la cara, lo sabrías.

             (*Silencio.*)

FANNY   Si te pregunto qué ha pasado para que te cueles en mi casa, ¿me volverás a pegar?

GEMA   Puede. (*Silencio.*) Ayer fue mi cumpleaños.

LUCÍA   ¡Qué buena! ¡Trufita!

FANNY   Lo sé.

GEMA   ¿Lo sabes?

FANNY   Tengo una ficha.

             (PABLO *sale a escena, aturdido. Ve el crucifijo. Mira a los lados. Se arrodilla, con esfuerzo, y comienza a rezar.*)

GEMA   Y el aniversario de...

FANNY   Lo sé.

GEMA   Fue mi cumpleaños.

FANNY   Ayer, y te has colado hoy.

GEMA   No he dormido.

FANNY   ¿No has...?

GEMA   ¡Dormido! No lo he hecho.

FANNY   ¿Y qué?

GEMA   Para mí hoy sigue siendo ayer.

           (LUCÍA *recoge y hace mutis.*)

FANNY   No tengo drogas.

GEMA   Vale. Vamos a hacer una sesión.

FANNY   ¿Qué dices?

GEMA   ¡Una sesión!

FANNY   Es mi casa, Gema. ¡Mi casa!

GEMA   Te pagaré.

FANNY   No es el tema.

GEMA   Siempre lo es. Con la basura como tú, siempre lo es. (*Le tira dos billetes de cien euros y se sienta en una silla.*) ¿Qué? (*Silencio.* FANNY *se sienta.*) Recoge el dinero. (*Silencio.*) No quiero nada gratis de ti. Recoge el dinero.

(*Silencio.* FANNY *se levanta y lo recoge.*) Las drogas también pensaba pagártelas. (*Silencio.*) ¿No me preguntas qué significa para mí colarme en tu casa y darte dos hostias? (FANNY *se sienta.*) ¿No me lo preguntas?

FANNY   Ayer fue tu cumpleaños.

GEMA   Y el aniversario de...

FANNY   Y el aniversario de la muerte de tu padre.

GEMA   Del suicidio.

FANNY   Del suicidio de tu padre.

GEMA   ¿No vas a tomar notas?

FANNY   Estamos en mi casa.

GEMA   ¿Y aquí no tienes libretas?

FANNY   El aniversario del suicidio de tu padre.

GEMA   Trescientos sesenta y cinco.

FANNY   ¿Trescientos sesenta y cinco?

GEMA   Días. (*Pausa.*) Podía haber elegido entre los otros trescientos sesenta y cuatro...

FANNY   Mi padre me pegaba.

GEMA   Con tu carácter, no me extraña.

FANNY   A menudo.

GEMA   ¿Te pegaba?

FANNY   Me pegaba.

GEMA   ¿Como yo? Lo pregunto porque tú llamas *pegar* a cualquier cosa. (*Pausa.*) ¿Cuándo?

FANNY   ¿Cuándo?

GEMA   Sí, cuándo.

FANNY   Toda la vida. Hasta los diecisiete. Me marché a estudiar fuera de casa y dejó de pegarme. Durante un tiempo, volvía a casa en Navidad. Ya no me pegaba. Había cosas que hacía que no le gustaban, pero no se le ocurría pegarme. Los golpes entumecen.

GEMA   Vale.

FANNY   Llega un momento en el que lo que duele es la espera. El saber lo que va a pasar, pero no cuándo. Duele la espera. Creo que a veces le provocaba para controlar, por lo menos, el momento. Iba a ocurrir, pero ocurriría cuando yo dijese.

         (*Silencio.*)

GEMA   No pareces ese tipo de chica.

FANNY   ¿Qué tipo de chica?

GEMA   Alguien a quien le pasan cosas.

FANNY   Haces unos días se murió. Mi padre se murió.

(*Silencio.*)

GEMA   ¿Y qué quieres que te diga, que lo siento, que te compadezco? ¡Mi padre se suicidó el día de mi cumpleaños! ¿Quieres lástima?

FANNY   No.

GEMA   ¿Quieres que te diga que siento haberte dado de hostias? Porque no lo siento.

FANNY   No.

GEMA   ¿Y qué coño quieres?

(*Silencio.*)

FANNY   Quiero que te entre en la cabeza que no eres el centro del mundo. Todos lo hemos pasado mal. Afróntalo, vive con ello o suicídate como el cobarde de tu padre, pero deja ya de lloriquear mientras la vida se te escapa. Estás viva. Todo tiene solución. (*Silencio.* GEMA *le clava la mirada.*) ¿Vas a pegarme?

GEMA   Eres una mierda de psicóloga.

Fanny   Lo sé. Mi padre también es psicólogo.

(Gema *hace mutis, justo cuando* Pablo *deposita una moneda y el crucifijo se enciende.* Fanny *se pone de pie y cambia una silla de lado. En ese instante, suena ruido entre cajas.* Pablo *se levanta y se esconde sentándose en la silla. Sale a escena* Lucía. *Se santigua.* Fanny *se sienta y se tapa la cara.*)

Lucía   Yo creo en ti, ¿sabes? Tengo la sensación de que a estas alturas, en el siglo XXI, no suena muy *cool* o muy enrollado, no es lo que dirías en las redes para molar, y aun así, yo creo. Creo, pero no me convences. No lo haces. Es decir, todo ese juego del silencio divino y la falta de presencia, ¿de qué va? ¿Qué pretendes? Estaba en mi apartamento, pensando, ordenando cosas, he celebrado mi cumpleaños, sola, por cierto, aunque de eso ya hablaremos después, y he empezado a pensar en tu trabajo y me he dado cuenta de que lo haces mal. (Fanny *coloca la silla cerca de la de* Pablo *y hace mutis.*) A ver, nos llenas de preguntas, pero nunca de respuestas. Joder, qué cómodo. ¿Sabes lo que pienso? ¿Lo sabes? Creo que, en el fondo, eres un burócrata de tercera al que se le ha acumulado el papeleo. Mira, te voy a explicar lo que creo. Creo que iniciaste todo esto y no sabes qué hacer con ello. Lo miras y piensas, ¿qué coño hago yo con todas estas hormigas furiosas y desesperadas? No eres un buen trabajador. Te has desorganizado y, al final, no das palo al agua. No haces nada. Es decir, mi madre se ha quedado paralítica porque es gilipollas y se metió en el coche de mi padre cuando él había bebido, y las guerras, el hambre, la miseria, bueno, si hasta eso lo hacemos nosotros. Tú no haces nada. Yo hago cosas. Yo actúo. Joder que si actúo. Actúo y lo cambio todo. Creo que tú eres un dios impotente y raquítico. Necesitas que te sustituyan. (*Saca el móvil. Marca. Empieza a llorar.*) Mamá, mamá. Soy yo, Elena. Elena, coño, Elena. Claro que tengo la voz rara, joder. ¿No ves que estoy llorando? ¿No ves cómo estoy llorando? ¿No ves lo que me has hecho? Me has dejado sola, mamá. Me has dejado sola con mi padre muerto. He elegido un ataúd de roble. Muy bonito. Muy caro. No, mamá. Lo has hecho, y yo no lo soporto más. Me has dejado sola. Y yo no puedo vivir así. Voy a terminarlo. Me voy, mamá. Claro que sí, claro que sí, mamá. Pues no haberme dejado sola. Te quiero. Voy a saltar. Te quiero, mamá. (*Cuelga. Sin llorar.*) ¿Lo ves? Yo actúo y pasan cosas. Yo soy el nuevo verbo. Joder, yo sí que hago cosas, y la gente reacciona. Llora, se enfada, se arrepiente, se alegra, eso más después, al principio, rara vez, la verdad. Y, ¿sabes una cosa?, ya que no me das las prerrogativas de hacer tu puto trabajo, porque no me las das, no me las das. (*Sale a escena* GEMA *y mira a los lados, desconcertada. Se acerca a las sillas. Se pone de rodillas, apoyando los codos en el asiento de una de ellas, dando la sensación de que está en un confesionario. Le cuesta empezar a hablar. Coge aire.*) Ya que no me das ninguna de tus ventajas, me gustaría, por lo menos, que me dieses las putas gracias por hacer tu trabajo, en lugar de un cumpleaños a solas. He hecho mucho bien. Mucho, hijo de puta, mucho. Y nadie me ha organizado una fiesta sorpresa. Nadie. Me la merecía, y has pasado de mí. ¡Y yo quiero mi fiesta sorpresa! Un poco de agradecimiento no estaría de más.

GEMA   Ave María Purísima.

LUCÍA   No sé para qué pierdo el tiempo contigo.

              (LUCÍA *se pone a rezar, negando con la cabeza.*)

GEMA   (*Vehemente.*) ¡Ave María Purísima!

PABLO   (*Sobresaltándose.*) ¿Qué?

GEMA   Ave María Purísima.

PABLO   Eh, vale.

GEMA   ¿Cómo que vale, gilipollas?

PABLO   Sin pecado concebida, supongo.

GEMA   Perdóneme, padre, porque he pecado.

PABLO   Bueno, son cosas que pasan. No le des mucha importancia. (*Silencio.*) Eh, bueno, mira, ya que estamos aquí, ¿qué has hecho?

GEMA   Mi padre se suicidó.

PABLO   ¿Le hiciste algo malo?

GEMA   No lo sé.

PABLO   ¿No lo sabes?

GEMA   Tenía nueve años.

PABLO   Hay niños muy cabrones.

GEMA   Supongo. (*Silencio.*) Cuando entré en la cocina...

PABLO   ¿La cocina?

(NATALIA *sale a escena y se hace un ovillo con el móvil en la mano.*)

GEMA   Fue en la cocina. Cuando entré, bueno, no supe qué hacer. No supe a quién llamar, me quedé ahí, de pie, con la sangre en los pies, pensando que tendría que haber hecho algo y no fui capaz. No se me ocurrió llamar a la Policía, ni a los médicos, ni a nadie. A lo mejor, cuando llegué, a lo mejor seguía vivo y yo no hice nada. Nada. Me quedé parada. Parada de pie sin hacer nada, mientras mi padre se moría.

PABLO   No fue culpa tuya. (*Silencio.*) No fue culpa tuya. (*Silencio.*) No lo fue.

GEMA   ¿Y por qué no puedo dejar de pensar en ello?

PABLO   A veces basta con pedir perdón.

GEMA   ¿A quién?

         (GEMA *se levanta, se santigua y hace mutis.*)

NATALIA Hola. ¿Rober? Soy Natalia. Del instituto. ¿Quieres venir a mi casa?

         (PABLO *sale del confesionario y se encuentra cara a cara con* LUCÍA, *que se ha levantado. Se miran. Sale a escena* FANNY, *con el móvil, parece inquieta.*)

LUCÍA   Tú no eres cura.

PABLO   No lo soy.

LUCÍA   No deberías estar ahí, entonces.

PABLO   ¿Se lo vas a decir a alguien?

LUCÍA   No.

         (LUCÍA *se acerca y le abraza.*)

FANNY   (*Cogiendo una de las sillas y poniéndola en el centro del escenario.*) Espera, espera. Explícame. Despacio. Explícamelo y no llores. (LUCÍA *se aparta de* PABLO *y hace mutis.* PABLO *piensa un segundo. Busca su móvil. No lo tiene. En su lugar, saca la petaca y bebe.*) ¿Están tus padres en casa? Vale, Guille. Cierra con cerrojo. Da igual lo que digan tus padres. Ya eres mayor. Nueve años es ser mayor. Tranquilo. Vamos a hacer que se te pase todo el susto y todo el miedo. ¿Has cerrado? Tus padres han hablado conmigo para que te ayude. Para que te ayude, Guille. ¿Tus padres me pedirían ayuda si yo no supiese lo que te conviene? Ponte los cascos. Hazme caso. Los auriculares. Póntelos. (*Ella lo hace.*) ¿Así mejor? Activa el vídeo. Tus padres, Guille, te quieren, yo te quiero. Quítate la camiseta del pijama. Hazme caso. Vamos a echarnos una mano el uno al otro. (*Saca una chocolatina y comienza a comer.*) Una persona mala ha sido desagradable conmigo. Quítate los pantalones. Quiero ver algo bonito, Guille. Yo te ayudo, ¿verdad? Cuando tienes problemas en el colegio, yo te ayudo, ¿verdad? Ayúdame tú a mí. Quítate los calzoncillos. Claro que te quiero. Haz lo que te enseñé. Hazlo como te enseñé. Así. Más despacio, no tengas prisa.

(*Se toca distraídamente. De vez en cuando, come. Por un extremo sale a escena* ELENA. *Empieza a quitarse la ropa. De pronto, se fija en* PABLO.)

PABLO   Hola.

ELENA   Hola. (*Silencio.*) Has venido.

PABLO   He venido.

ELENA   ¿Oíste mis mensajes?

PABLO   Me han robado el móvil.

ELENA   ¿Qué quieres?

PABLO   Pedirte perdón.

ELENA   ¿Perdón?

PABLO   Por no tocarte.

ELENA   ¿Quieres tocarme?

PABLO   ¿Cómo estás?

ELENA   Muy mal. ¿Quieres tocarme ahora?

PABLO   Creo que una loca le ha dicho a tu madre que te has suicidado.

ELENA   ¿Qué?

PABLO   Luego me ha abrazado.

ELENA   ¿A ella sí la tocas? (*Silencio.*) Te lo pregunto por última vez... ¿quieres tocarme?

PABLO   (*Sin voz.*) Vale.

    (ELENA *le empuja con fuerza contra la silla libre y le sienta allí.*)

ELENA   ¡Gracias, gracias, gracias!

(ELENA *le baja los pantalones, mientras empieza a llorar. Se quita las bragas, dejándose la falda, y se sube encima.*)

FANNY   Venga, Guille, no seas llorón. Los chicos mayores no lloran. No has hecho nada malo. No lo has hecho. Anda, límpiate y vete a la cama. No, tus padres no necesitan saberlo.

NATALIA   ¿Juan? Natalia. ¿Estás haciendo algo? ¿Te vienes a mi casa?

FANNY   Venga, vete a dormir y no exageres. ¿Quieres que te lea un cuento mientras te duermes? Puedo quedarme al otro lado del teléfono hasta que te duermas. Claro. Porque te quiero.

ELENA   Venga, haz un esfuerzo, coño. ¡Haz un esfuerzo! La noto más dura. Más dura que otras veces, creo que puede entrar. Venga, coño, estoy empapada, tiene que entrar. Empuja. ¡Coño, que empujes, he dicho!

(ELENA *le pega una bofetada tremenda. Silencio.*)

FANNY   ¿Has oído hablar de Caperucita roja? Es un cuento antiguo. Te va a gustar.

NATALIA   ¿Tony? Soy Natalia.

(ELENA *se aparta.* PABLO *se sube los pantalones.* FANNY *hace mutis.*)

ELENA   ¿Eres homosexual?

PABLO   No.

ELENA   Yo creo que sí.

PABLO   ¿Te haría sentir mejor? (*Silencio.*) Entonces, supongo que lo soy.

ELENA   Tienes algo muy jodido dentro, Pablo. No te aceptas como eres. Deberías terminar con todo esto. Tú lo pasas mal, yo lo paso mal, y, bueno, al fin y al cabo, tú lo has elegido, pero yo no. Piénsalo. Es tu única salida. Terminarlo. Por mí, aunque sea por mí. Hazlo por mí. Creo que si tú desapareces, yo podría ser feliz.

PABLO   ¿Y me perdonarías?

(*Silencio.*)

PABLO   ¿Me perdonarías?

ELENA   Creo que sí.

(*Silencio.* PABLO *hace mutis.*)

NATALIA   ¿Sergio? Natalia. Voy al grano. ¿Quieres follar? En mi casa. Treinta minutos. (*Cuelga. Suena el timbre.* NATALIA *se sobresalta. Silencio.*) ¡Hostias, qué rápido!

(NATALIA *se pone de pie y ve a* ELENA.)

ELENA   Hola.

NATALIA   Hola.

ELENA   La hija.

NATALIA   ¿De él?

ELENA   Sí.

NATALIA   ¡Hostias! La amante.

        (*Silencio.*)

ELENA   ¿Dijo algo?

NATALIA   Hizo un ruido.

ELENA   ¿Y se murió?

NATALIA   Se murió.

ELENA   Él... ¿él se lo pasó bien?

NATALIA   ¿Qué?

ELENA   Contigo.

NATALIA   Supongo que sí.

ELENA   ¿Eres buena? Follando.

NATALIA   Dicen que sí.

ELENA   ¿Lo dicen?

NATALIA   Lo dicen.

ELENA   ¿Follando con mi padre?

NATALIA   Con cualquiera.

ELENA   A mí los chicos no me tocan.

NATALIA   A mí me mienten. (*Silencio.* NATALIA *saca un anillo del bolsillo y se lo enseña.*) Era suyo. (ELENA *lo coge.*) De otra. De otra más. Creo que había más. Muchas.

ELENA   Se lo regalé yo.

NATALIA   Nunca me enamoro.

ELENA   ¿Por qué?

            (NATALIA *se encoge de hombros.*)

NATALIA   No me lo merezco.

ELENA   Creo que yo tampoco. (*Silencio.* ELENA *avanza y la besa con mucha ternura. No es sexual, solo es necesidad de un roce humano. Se separan.*) Gracias.

            (ELENA *hace mutis.* NATALIA *se queda un segundo de pie. Coge el móvil, mientras coloca las sillas paralelas al proscenio.*)

NATALIA   Oye, eh, tú, no vengas. Me da igual. No vengas. Punto. Voy a ver una película. No te importa. Con palomitas y con mi puta madre. ¡Que no vengas, coño! (*Cuelga.*) Gracias.

            (*Hace mutis, mientras la escena se llena de ruidos de ciudad.* PABLO, *desde el foro, avanza hasta las sillas. Duda. Se sube en ellas. Va a saltar.*)

GEMA   (*Saliendo a escena.*) ¡No! (PABLO *se gira.*) ¡No! (*Silencio.*) ¡No, por favor!

PABLO   ¿Por qué?

GEMA   No.

PABLO   Hay una persona que será más feliz si yo no estoy.

GEMA   ¿Qué persona?

PABLO   Mi novia, supongo.

GEMA   Da igual. No saltes.

PABLO   No me conoces de nada.

GEMA   No saltes.

PABLO   ¿Por qué?

GEMA   Necesito hablar y tú estás aquí.

PABLO   No soy muy bueno hablando. Tiendo a joder
           las cosas.

GEMA   Me sirves.

PABLO   ¿Te sirvo?

GEMA   Tienes cosas que hacer.

PABLO   ¿Hablar contigo?

GEMA   Hablar conmigo.

PABLO   ¿Es muy largo? ¿Lo que tienes que decirme es
           muy largo?

GEMA   Mucho. Hasta que se te quiten las ganas de
           saltar.

PABLO   ¿Por qué te importa lo que me pase?

GEMA   Porque estás vivo. Tu vida no es tuya.

PABLO   ¿Ah, no?

GEMA   Es de los que nos quedamos. Cuando alguien
           se marcha solo queda una ausencia, un hue-
           co donde antes estaba la persona, y los demás,
           los vivos, tenemos que cargar con esa ausen-
           cia. No tienes derecho a disponer de tu vida.
           No es tuya.

PABLO   ¿Y si eso no significa nada?

GEMA   ¿Y si eso lo significa todo? Si Dios se ha marchado y lo ha mandado todo a la mierda, si ya no nos escucha, a lo mejor, tenemos que empezar a escucharnos entre nosotros. Yo te escucho a ti y te salvo; tú me escuchas a mí, y me salvas. Cuando era niña, mi padre se suicidó y no pude hacer nada. Ya no soy una niña. No te voy a dejar solo.

PABLO   ¿Solo?

GEMA   No lo estás.

PABLO   ¿No?

GEMA   Estoy yo.

(Silencio. PABLO *se baja de la cornisa. Se abrazan. Caen de rodillas. Amanece. Sale* FANNY. *Comienza a hacer ejercicios. Sale* LUCÍA. *Se chocan.)*

FANNY   Perdona.

LUCÍA   No pasa nada.

FANNY   Ha sido culpa mía.

LUCÍA   Yo iba distraída. ¿Te gusta correr?

FANNY   Me gusta estar en forma. ¿Y a ti?

LUCÍA   Tengo una pierna de madera. Una prótesis. Me gustaría correr, pero no puedo. Imagina lo que es cuando voy a la piscina. Puedo nadar, pero es muy complicado, porque la pierna flota por su lado. A veces, la pierdo, y, claro, a la gente le da mal rollo cuando se la encuentra flotando por el agua.

FANNY   Lo siento.

LUCÍA   Gracias.

FANNY   A lo mejor puedo ayudarte.

LUCÍA   ¿Eres socorrista?

FANNY   Psicóloga.

LUCÍA   ¿Es divertido ser psicóloga?

          (LUCÍA *la abraza y después se aparta.* FANNY *hace mutis, sin comprender.* LUCÍA *mira el contenido del móvil de* FANNY.)

GEMA   ¿Eres...?

PABLO   ¿Soy?

GEMA   El cura. El cura de la iglesia.

PABLO   ¿No?

GEMA   Menos mal.

(PABLO *hace mutis.* NATALIA *sale a escena con un bol de palomitas. Se encuentra con* GEMA *de cara.*)

NATALIA   ¡Estás viva!

GEMA   Claro.

NATALIA   Una loca me llamó y me dijo... Da igual.

GEMA   Ha sido una noche muy rara. Muchos locos. ¿Has salido?

NATALIA   ¿Salido?

GEMA   ¿Por ahí?

NATALIA   No. ¿Has encontrado...?

GEMA   Creo que ya no me hace falta. Hoy, por lo menos, no me hace falta.

(LUCÍA *marca en el móvil de* FANNY.)

NATALIA   ¿Y eso?

GEMA   He hablado con alguien. Alguien que, bueno, quería saltar...

NATALIA   Hay un cadáver en tu cuarto.

GEMA   En mi cuarto.

NATALIA   Debajo de la cama.

GEMA   Debajo de la cama. ¿Por qué hay un cadáver debajo de mi cama?

NATALIA   No sabía qué hacer con él. La Policía iba a flipar si les llamaba.

GEMA   Yo estoy flipando.

NATALIA   Tú no estabas. ¿Quieres palomitas?

GEMA   Bueno.

(Las dos se sientan en las sillas a comer palomitas.)

LUCÍA   Me da exactamente igual. Sé lo que haces con los niños. Lo sé. Lo sé. Soy periodista. De investigación. Te he investigado. Te he pillado el culo, guarra. Sé lo tuyo con los niños. ¿No te da vergüenza? Quiero que te vayas de la ciudad. Quiero que te apuntes a Médicos Sin Fronteras o alguna mierda por el estilo. Quiero que te vayas a un país en guerra y ayudes a la gente. Y quiero las llaves de tu consulta.

GEMA   ¿En mi cuarto?

NATALIA   En tu cuarto.

(Cuelga y vuelve a marcar. GEMA y NATALIA comienzan a reírse.)

LUCÍA   ¡Antonio, soy yo, Lucía! No me grites, no. Antonio, no me grites. ¡Ha sido sin querer! ¡No me grites! No lo sé. A muchos. A todos, vale, a todos. Veinte o cuarenta. He hecho muchos turnos, y los médicos necesitaban esos cuerpos. Los he cedido a la ciencia. ¡Toma ya! Lo siento. Ahora están muy contentos. Los médicos, entiendo que las familias estarán jodidas. Sí, claro. Entiendo que me despidas. Da igual. Tengo un nuevo empleo. Divertido. Psicóloga.

(GEMA y NATALIA *se cogen la mano. Se ríen. Se hace un... Oscuro.*)

Esta primera edición de *Las leyes de la relatividad*,
de Ramón Paso, terminó de imprimirse
en diciembre de dos mil veintitrés,
en Madrid